Facebookを最強の営業ツールに変える本

坂本 翔

技術評論社

はじめに

「Facebook」は、**世界で約15億人、日本では約2,500万人**の人が利用している世界最大のソーシャル・ネットワーキング・サービス（ＳＮＳ）です（２０１６年1月現在）。

Facebookでは、「いいね！」やコメント、シェアなどの機能によって、情報を受け取ったユーザーから簡単に情報が拡散していきます。この時、その拡散が**「友達を介して行われる」**という点がポイントです。人は、見ず知らずの他人に聞く情報よりも、知人を介して入手した情報に高い信頼を寄せます。Facebookによる発信は、ユーザーの友達のお墨付きを得た状態で情報を拡散させることができるため、使い方次第で強力な営業ツールになるのです。また、実名登録制のため、他のＳＮＳに比べて年齢層が高く、ビジネス向きのＳＮＳだと言えます。

近年、新聞の発行部数やテレビの視聴率は下がってきています。その反面、スマホの普及も相まって、劇的にインターネットユーザーが増え、ＳＮＳの利用者も急増しました。

従来の企業のスタンスで、自社の商品やサービスの情報だけを一方的に伝える時代は終わり、Facebookを使ってユーザーが共感できる情報発信を行い、そこから交流を図るなど、**消費者と企業の双方向かつ対等なコミュニケーションの必要性が高まっています。**

・起業後2か月で講演のご依頼をいただいた
・同業者、同年代に負けない圧倒的な人脈が全国でできた
・交流会などで「お会いしたかったです」と声をかけられるようになった
・広告費をかけず主催イベントに６００名以上の経営者を集めた
・新聞や雑誌などのメディア取材、ラジオ出演、出版が実現した

これらは、私自身が起業後たった一年の間でFacebookを通して実現したことのほんの一部です。戦略的に情報発信や交流を行えば、Facebookでこのような効果を生むことも可能なのです。

私は、学生時代からバンド活動をしており、「ライブに人を集めないといけないのに広告にかけるお金がない」という状況の中、当時全盛だった「ブログ」を使ってライブに人を集めていました。その経験が、現在行っているFacebookを活用した顧客獲得のルーツになっています。

そして現在、私は全ての事業の営業活動にFacebookを活用しています。経営する会社や行政書士事務所の営業はもちろん、主催するセミナーや音楽イベントの集客、士業コミュニティの運営まで、Facebookをメインツールとして活用し、成果につながっています。

これまでも、たくさんFacebook関連の書籍が出版されてきましたが、本書では、**「Facebook営業」**というオリジナルのFacebook活用術をお伝えします。考え方レベルの話から具体的なテクニックの話まで、「Facebook営業」のすべてを詰め込んだ一冊です。

「これからFacebookを本格的に活用していきたい」「今まで自分なりに活用してきたが、なかなか成果に結びつかない」という方などが現在の状況から脱するには、本書でお伝えする「Facebook 営業」を身に付けていただくことが一番の近道になります。

ちなみに、本書は、「Facebook 営業」の実現に必要なノウハウやテクニック、マインドをお伝えする書籍であり、Facebook の操作解説書ではありません。各種設定方法などの操作解説は割愛させていただいておりますので、あらかじめご了承ください。

これから時代が進んでいく中で、新たなＳＮＳが登場しても、本書でお伝えする本質的な考え方は、末長く皆さんに使っていただけるものだと考えています。Facebook にとどまらず、**ＳＮＳを活用した営業活動の教科書**として、たくさんの企業やお店にご活用いただけたら、著者としてこれ以上に嬉しいことはありません。

「Facebook 営業」を身に付けることにより、皆さんの人生がより一層に輝き、さらに飛躍した人生を送っていただけることを願っています。

２０１６年1月　坂本　翔

CHAPTER 01

Facebook営業の「基本」を知る

CHAPTER 02

Facebook営業の「準備」をする

CHAPTER 03

Facebook営業で「見込み客」を集める方法

CHAPTER 04

Facebook営業の「効果的な投稿術」を知る

CHAPTER 05

Facebook営業の「効果的な投稿例」を知る

CHAPTER 06

Facebook営業「イベント集客」でつながる方法

CHAPTER 07

Facebook広告で「集客を加速」させる方法

CHAPTER 08

Facebook以外のSNSを活用する方法

CHAPTER 01

Facebook営業の「基本」を知る

01

「Facebook営業」とは何か？

皆さんが今、手に取って読んでいるのは、タイトルにある通り**「Facebookを最強の営業ツールに変える」**ための本です。それには**「Facebook 営業」**という言葉が重要なキーワードになります。ここでは「Facebook 営業」という言葉の定義について、お伝えします。

一般に「営業」という言葉は、利益を得る目的で、継続的に販売活動を行うという意味です。販売活動というと少し硬いですが、要は**「商品やサービスを売る」**ということです。営業では、最初に見込み客を集めます。そして自分の商品やサービスを知ってもらい、商品を購入してもらいます。これが、商品の販売活動＝営業です。

しかし、商品やサービスを販売して終わりではありません。ほとんどの業種では、商品やサービスを使い続けてもらい、繰り返し購入してもらえなければ、継続的に利益を生むことはできないのです。ということは、商品やサービスを販売した後、それを利用し続けていただく（リピートしていただく）ところまでを、きちんと見据えて営業活動をする必要があります。そこで本書では、

①見込み客を集める
②商品やサービスを知ってもらう
③商品やサービスを販売する
④商品やサービスを繰り返し購入してもらう

の4つをまとめて「営業」と定義します。そして、**「Facebook」を活用して「営業」活動を実践していくこと**を、本書では「Facebook 営業」と呼びたいと思います。

02 Facebook営業はここが「すごい」

Facebook営業は、いわゆる通常の営業活動（たとえば飛び込み営業など）と比較して勝っている点が3つあります。それが、次の3つのポイントです。

① **「速報性」**
② **「拡散性」**
③ **「効率性」**

「速報性」は、「すぐに伝えられる」という意味です。通常の営業とは異なり、Facebook

営業では、インターネットにつながれている携帯端末やパソコンがあれば、自分のペースで、いつでもすぐに発信することができます。

そしてFacebook営業では、発信した情報が**「拡散性」**を持ちます。Facebookでは、自分の投稿に対してユーザーが「いいね！」や「コメント」、「シェア」をした場合、「○○さんがいいね！と言っています」「○○さんが○○さんの投稿をシェアしました」といった形で、そのユーザーの友達に情報が拡散する仕組みになっています。一度に、数百人〜数千人以上に情報が拡散する可能性もあるのです。そして、その拡散は「友達」を介して行われることから、**情報が信用されやすい**という利点もあります。

最後に、拡散性という特徴からくる**「効率性」**という面も、Facebook営業が通常の営業活動に勝る点です。通常の営業活動の場合、1人対1人（または1社）という形が基本です。それに対してFacebookでは、自分とつながりのあるユーザーに向けて「一度に伝えられる」ことはもちろん、前述の拡散性があることで、それ以上の多くの人に対して自分の投稿を届けることができます。また、ターゲットを絞って発信すれば、自分の商品やサービスに関心のあるユーザーを集めることができるので、より効率的なのです。

03

Facebook営業は「4つの要素」で構成される

ここで、「Facebook 営業」の全体像を見てみましょう。Facebook 営業は、次ページの図のように**「集客」「教育」「販売」「維持」**の4つの要素で構成されています。「集客」から「販売」の流れの中で、右に進むにつれて細くなっているのは、ステップを踏むことで、**「見込み客」**が**「顧客」**になるまでの間に絞り込まれていく様子を表しています。

そして、「販売」までに絞り込まれた顧客が、「維持」で再度膨らんでいく形になっていきます。これは、商品やサービスを購入してくれた顧客が蓄積され、**「リピーター候補」**として砂時計のように溜まっていくイメージです。

■Facebook営業の全体図

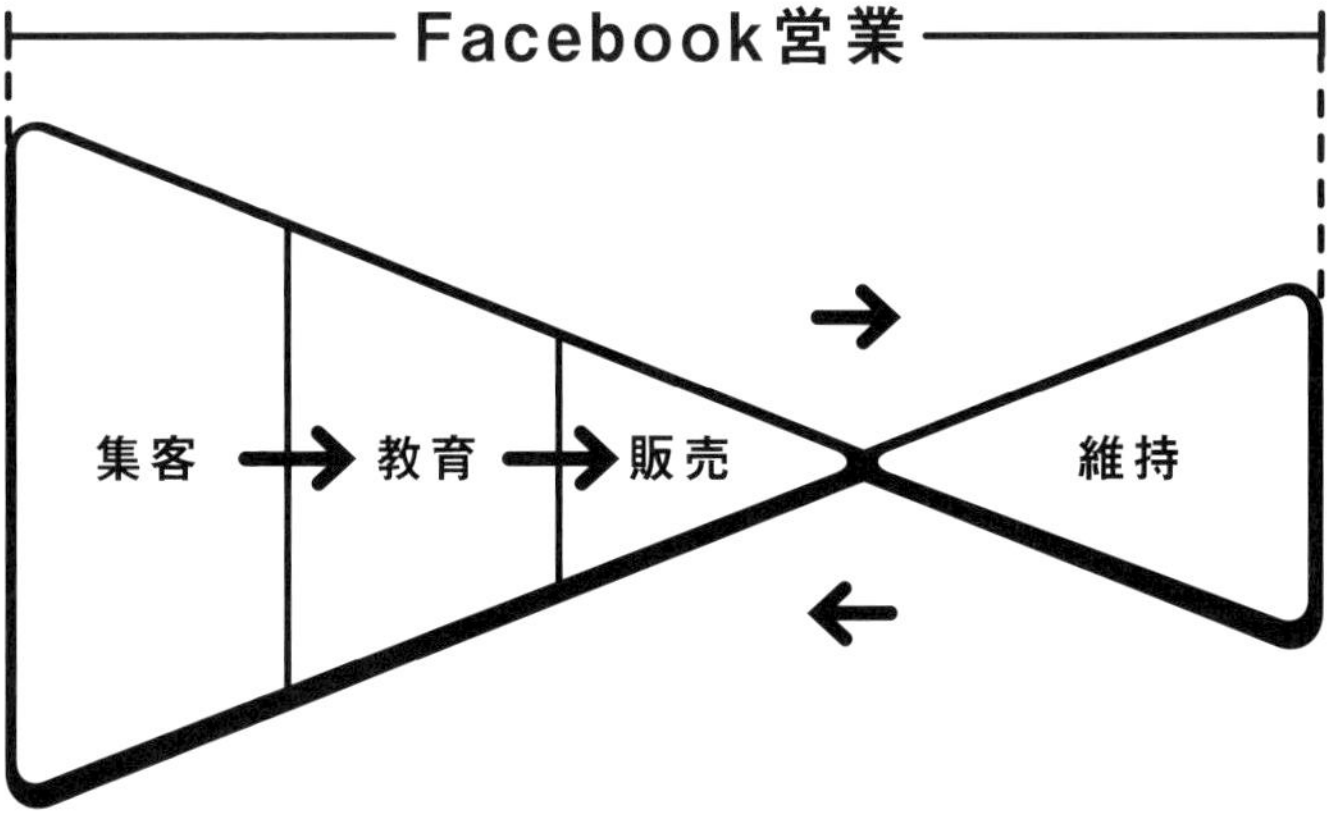

「維持」のフェーズに進んだ顧客が、再度「販売」のフェーズにいく（商品やサービスを購入する）と、その顧客は**「リピーター」**となり、その後は「維持」と「販売」を往復します。

本書では、この全体図を基本に進みます。後ほど各々を詳しく解説していきますが、まずはこの図を頭の中にぼんやりとイメージしながら読み進めてください。ここから本書でご紹介していくノウハウやマインドを身に付けて、「Facebook営業」を実現していきましょう！

04

Facebook営業は「売り込まずに売る」

実際にFacebook営業を実現していくにあたって、あらかじめ知っておいていただきたいことが2つあります。1つ目は、**「Facebook営業では売り込まずに売る」**ということです。「営業」なのに売り込んではいけない。本節ではその理由をお伝えします。

Facebook営業では、「Facebookを使っている人」が「お客様」になります。こうした「Facebookを使っている人」が、Facebookにアクセスする目的を考えてみてください。すると、次のような**「交流」**や**「情報収集」**などの目的が挙がってくると思います。

・友人の近況を知りたい
・自分の近況を知ってほしい
・新しい人脈を作りたい
・自分に有益な情報を仕入れたい　など

ここで感じていただきたいのは、**誰もFacebookに「もの」を買いに来ていない**、ということです。「みんな何をしているのかな？」と思ってFacebookを見る人はいても、「商品を買おう！」と思ってFacebookを見る人はいないのです。

つまりFacebookは、自分の商品やサービスを売り込んでも売れる場所ではありません。むしろ、宣伝色があまりにも強いとFacebook上では避けられてしまい、「いいね！」を撤回されたり、フォローを解除されたりする可能性もあります。

そこで、本書ではFacebookを使って「売り込まずに売る」方法を伝授していきます。詳しくは追って解説していきますので、ここでは**「Facebookでは売り込まない」「宣伝色を出さない」**という基本原則を覚えておいてください。

05

Facebook営業は「信頼の積み重ね」

実際にFacebook営業を実現していくにあたって、あらかじめ知っておいていただきたいこと。2つ目は、**Facebook 営業は「信頼の積み重ね」**である、ということです。

Facebook営業の全体図（23ページ）からもわかるように、Facebook営業では、商品やサービスを販売するまで、見込み客にステップを踏んで進んでもらう形になっています。このステップを踏んでもらう間に、その商品やサービス、または皆さん自身に対する見込み客の「信頼」を積み重ねているのです。この「信頼の積み重ね」により、**宣伝色を強く出すことなく、商品やサービスを販売できる状態を作り出す**のが「Facebook営業」なのです。

これは、**「ブランディング」**と言い換えることもできます。「ブランディング」とは、顧客の視点で考え、商品やサービスに対する信頼や共感など「顧客にとっての価値」を高めていく活動のことです。「信頼」という顧客にとっての価値を高めていく「Facebook営業」は、まさに「ブランディング」と言えるのです。このブランディングをしていくことは、見込み客を顧客にする（＝商品やサービスを販売する）うえで非常に重要な意味を持ちます。

ただ、「ブランディング」というものは、短期間の取り組みで実現できるものではありません。Facebook営業を実現することができない人のパターンとして、短期的な成果を期待するあまり、売り込み色の強い宣伝ツールとしてのFacebook運用になってしまっていることが多くあります。見込み客にいきなり商品やサービスを販売するような短期の効果を狙うのではなく、**Facebookによる信頼関係の構築を踏まえた長期的なスパンで顧客獲得を考える**ようにしてください。

06

Facebook営業は「Facebookページ」を使う

ここで、2種類のFacebookアカウントについてまとめておきます。通常、Facebookは「個人」で使うのが一般的です。自分の実名でFacebookに登録し、友人や家族、仕事相手などとつながり、コミュニケーションを取ります。このように、個人が使うことを前提に作られているのが**「個人アカウント」**で、Facebook上のすべての基本になるものです。

Facebookには、こうした個人アカウントとは別に、仕事でFacebookを活用したい人のためのビジネス用アカウントが用意されています。これが**「Facebookページ」**です。

たとえば、店舗の従業員や会社の社員が共同で運用する場合などは、店名や会社名で作成したFacebookページを活用することになります。

また、個人事業主など、組織に属さず仕事をしている場合も、Facebookページを運用することをおすすめします。Facebookページであれば、**個人アカウントの範囲を超えて、自分と本来接点が無い、会ったことのない人とつながりを持つことができるからです。**個人アカウントが基本的につながりを持った範囲内でしか営業活動ができないのに対し、Facebookページであれば不特定多数の人を対象とすることができます。

本書を手に取ってくださった皆さんはFacebookをビジネス活用したい方々だと思いますので、必然的に**Facebookページを活用する**ことになります。

とはいえ、個人アカウントには、Facebookページにはない利点もあります。個人アカウントは、人間性を見せて共感を得るような形の運用に向いているのです。たとえば、個人が商品になるような職業、「経営者全般」「士業」「コンサルタント」「美容師」「エステティシャン」など、自分自身の人間性やスキル、資格によって顧客に選ばれるような職業の場合は、**個人アカウントも積極的に活用するべき**です。また、出版や講演依頼など、個人の能力にフォーカスしたような仕事の受注を視野に入れる方も、個人アカウントを活用するべきでしょう。

ただし、その際も、個人アカウントだけの利用はおすすめしません。個人アカウントとFacebookページを併用し、上手に使い分けることで、Facebookの効果を最大限に発揮することができるのです。私自身、前述の「経営者」「士業」「コンサルタント」に当たるので、Facebookページに加え、個人アカウントも積極的にビジネスで活用しています。その結果、仕事のご依頼をはじめ、講演依頼やメディアの取材依頼などにもつながっています。

■個人アカウントも活用すべき業種例

Facebookページを活用するべき業種	個人アカウントも活用するべき業種
すべて	経営者全般 士業 コンサルタント 美容師 エステティシャン サロネーゼ デザイナー など個人が商品になる人

■ビジネス用アカウント（Facebookページ）例

■個人アカウント例

07

Facebook「集客」で見込み客を集める

ここからは、Facebook営業の全体図の話に入っていきます。Facebook営業では、主に「投稿」によって営業活動を行っていくことになります。しかし、いくら投稿をしても、見てくれる人がいなければ意味がありません。

Facebookページを活用し始めると、すぐに**「リーチ」**という言葉に出会います。これは、自分の投稿が何人に届いたかを数字で表したものです。このリーチの数が少なければ、いくら投稿してもその効果は限られます。そこで必要になるのが「集客」です。

Facebook営業における「集客」とは、Facebookページに「いいね！」をしても

■集客フェーズ解説図

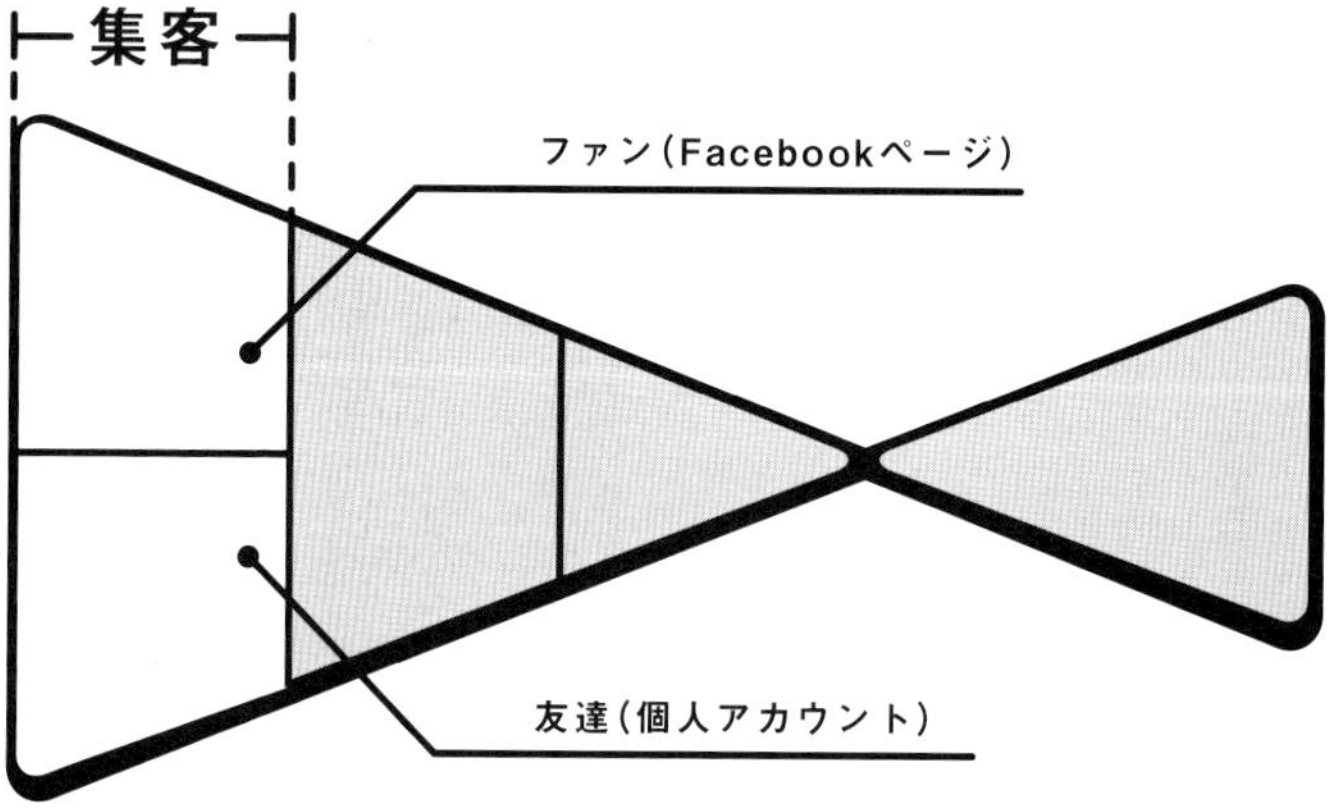

らったり、個人アカウントで「友達」になるなど、Facebookユーザーとのつながりを増やすことです。

Facebookページに「いいね！」をしてくれた人のことを**「ファン」**、個人アカウントでつながった人のことを**「友達」**と言います。集客のフェーズでは、ファンや友達を増やすことが目的となります。

とはいえ、ファンや友達は誰でもよいというわけではありません。**「自分の商品やサービスを購入してくれる可能性のある見込み客」をファンや友達にする必要がある**のです。これについては、「ファンや友達を増やす」という具体的な作業の話になりますので、第2章で詳しくお伝えしたいと思います。

08

Facebook「教育」で思い出してもらう

次は、Facebook営業の第2段階である「教育」です。Facebook営業での「教育」の内実は、「投稿」です。**Facebook営業でいう「教育」とは、自分の商品やサービス、または自分自身のことを、Facebookを使った日々の「投稿」を介して、見込み客に知ってもらう活動のこと**を言います。

Facebook営業での「教育」は、**「ニーズ発生時に思い出してもらうこと」**を目的にしています。Facebookでの投稿を通じて、ニーズがまだ生まれていない見込み客の記憶に、自分の商品やサービスの存在や価値をすり込むようなイメージです。そして、いざニーズが発生したタイミングで、自分の商品やサービスを思い出してもらうことで販売に

■教育フェーズ解説図

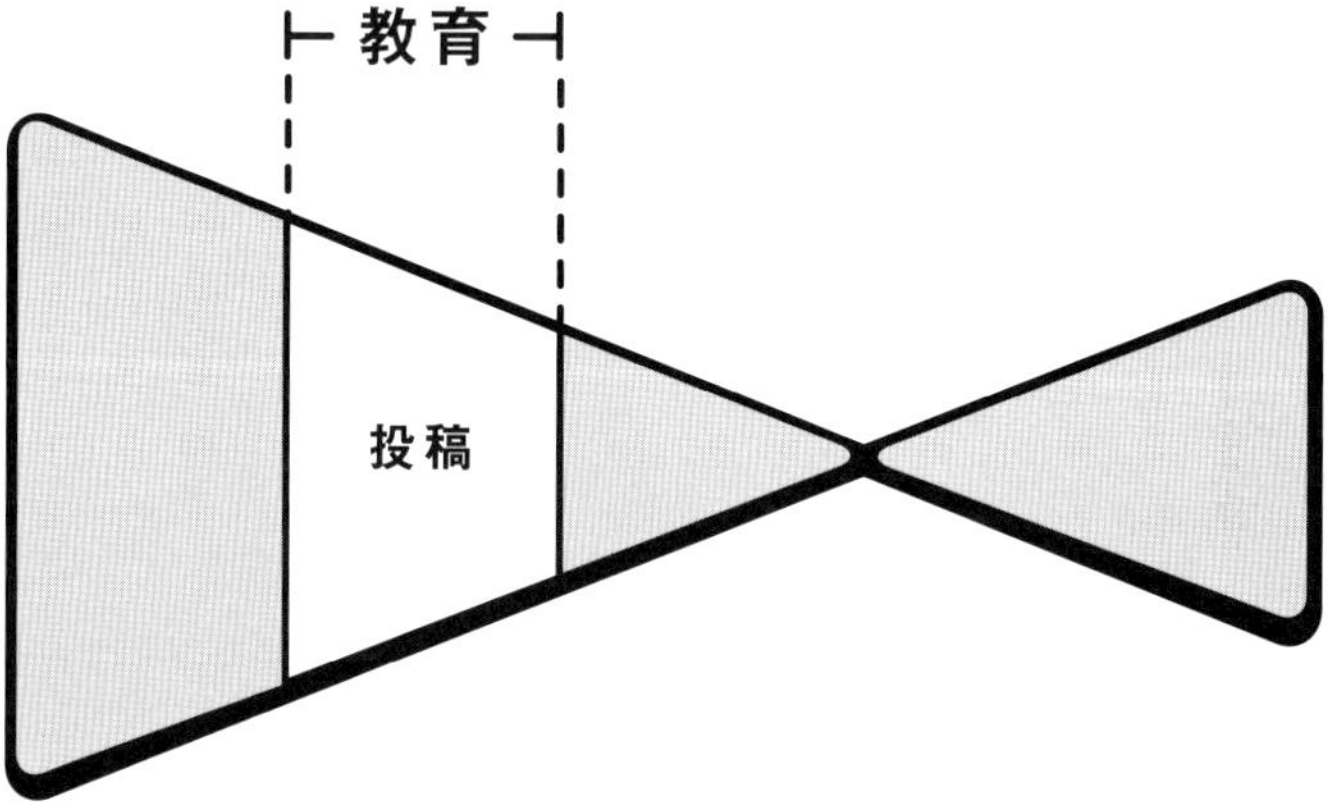

つながっていくのです。

そもそも、見込み客が商品やサービスを購入するのは、こちらの提供する商品やサービスと見込み客のニーズが合致しているからです。そして、**そのニーズが発生したときに、見込み客の頭の中で一番に思い浮かぶ会社やお店、商品やサービスが勝つ（選ばれる）**わけです。

ニーズが発生したタイミングで、自分の商品やサービスを思い出してもらえるように、日々適切な投稿や交流を続けることこそ、Facebook営業の「教育」だと言えます。

ここで、私が経験した実際の例を、2つご

紹介します。

1つ目は、私がSNSコンサルティングの顧問をさせていただいている2社のクライアントの間に起きた事例です。エステサロンなどを運営するA社と、飲食店を運営するB社です。私がA社に伺った際、A社の新入社員歓迎会で、B社のレストランを利用するという話を聞きました。

顧問先どうしがつながっていたことに驚き、よく話を聴いてみると、A社の社長は、B社のFacebookページに「いいね！」を付け、**Facebook上で定期的に目にしていた**そうです。そして、いざ歓迎会の会場を探さなければいけなくなったとき、星の数ほどある飲食店の中で、B社のレストランが**一番に思い浮かび、予約に至った**そうです。まさに、「集客→教育→販売」という流れで、ニーズが発生したタイミングで思い出してもらうことによって販売へつながったという、Facebook営業の王道パターンだったのです。

2つ目は、私自身の例です。私の所属する「士業」という業界は、自分の資格以外の士業（他士業＝行政書士であれば税理士や社労士など）からご依頼の紹介を受けることが多い業界です。そのため、私は直接的なお客様からのご依頼はウェブサイトやFacebookページに任せ、個人アカウントでは他士業とつながりを持つことで、**他士業からの紹介獲得にフォーカスして日々投稿をしています。**

そんな中、Facebookで私と友達になっている大阪の税理士さんが、顧問先である神戸の建設会社、C社を訪問したとき、その社長から「建設業許可の更新」をお願いされたそうです。「建設業許可の更新」は行政書士の仕事なので、ここで行政書士のニーズが発生したことになります。そして、その税理士さんは「神戸」「行政書士」からの連想で、私を一番に思い浮かべ、そこから受任となりました。

ここでご紹介した事例は、2つとも「ニーズの発生タイミングに思い出してもらう」ことによって、販売につながった典型的な例です。これは偶然ではなく、Facebookの仕組みを理解し、適切な投稿を続けることで、戦略的にこのような仕事の獲得を実現させることが可能なのです。

09

Facebook「販売」では遠回りの戦略を取る

前節では、教育から販売へと至るプロセスを、実例を交えて見ていただきました。これまでの「集客」「教育」のフェーズは、見込み客を「販売」へとスムーズに導いていくための準備段階だったと言えます。ここで、次ページの図を見てください。「販売」のフェーズが、フロントエンド商品とバックエンド商品に分かれています。「フロントエンド商品」とは、比較的低額の商品で、「バックエンド商品」を買っていただくための「入口商品」や「お試し商品」のことです。**バックエンド商品が「売りたいもの」だとすると、フロントエンド商品は、「売りたいものを売るためのもの」と定義できます。**

■販売フェーズ解説図

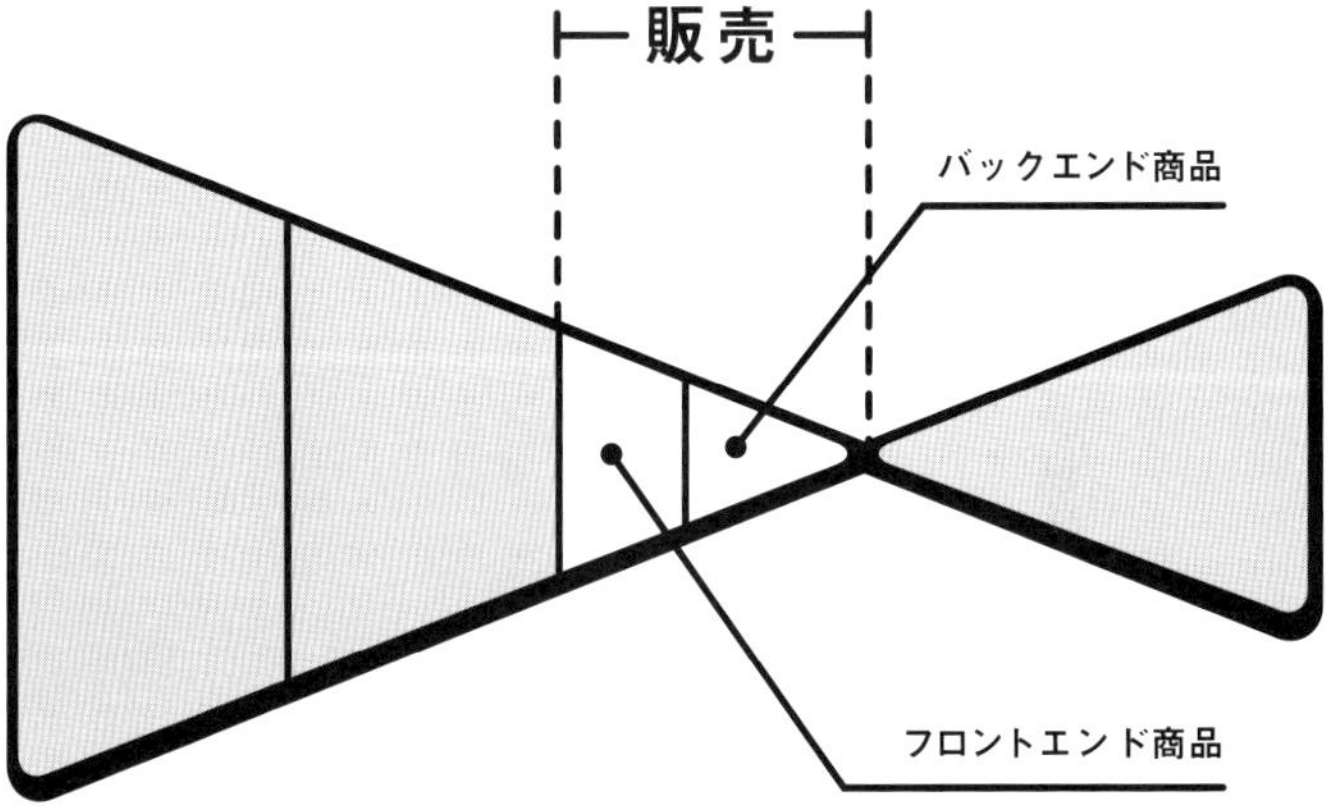

たとえば、多くの飲食店は、「ランチ」を低価格に設定しています。これは「ディナー」をバックエンド商品にしたフロントエンド商品だという捉え方ができます。昼に手軽な価格でお店の雰囲気を味わっていただいて、お客様のディナー選びの候補に入っておくということです。

また、シャンプーを販売する会社が、ドラッグストアなどを通して試供品として一回分のシャンプーを無料配布するのも、シャンプー本体の販売をバックエンド商品に設定したフロントエンド商品だと言えますし、美容院が初回のみ割引でサービスをするのも、今後通い続けていただく（バックエンド商品）ためのフロントエンド商品だと捉えることができます。
私の業界である士業やコンサルタントの場合は、フロントエンド商品である「無料相談会」や「セミナー」を開催することで、まずは商品である自分自身を知ってもらい、バックエンド商品である「士業業務」や「顧問契約」へと結びつけていくという流れが一般的です。

ユーザーにとって、ものを買うことが目的ではないFacebook上では、いきなり高価格なバックエンド商品を販売しようとするよりも、まずは低価格なフロントエンド商品へ誘導することに注力し、**関係性を構築してからバックエンド商品を案内する**方が、結果的に大きな成果につながります。一見遠回りにも見えるかもしれませんが、その方が成約率も高まるうえに、次のフェーズである「維持」にもよい影響を及ぼすのです。

■フロントエンド商品とバックエンド商品の例

業種	フロントエンド商品	バックエンド商品
飲食	ランチ	ディナー
美容	初回割引	常連化
小売	セール	常連化
士業	無料相談	士業業務
コンサルタント	セミナー	契約

■フロントエンド商品とバックエンド商品の比較

	フロントエンド商品	バックエンド商品
定義	関係構築が目的の入口商品	利益が目的の商品やサービス
対象	見込み客	フロントエンド商品を購入した顧客
価格	安いまたは無料	高いまたは安くても継続的な収益になるもの

10

Facebook「維持」でリピーターを獲得する

ここでは、Facebook営業の最後のフェーズである「維持」の解説を行います。商品やサービスは、**「販売して終わり」ではありません**。どんな業界でも、それを繰り返し購入していただいたり、常連になっていただいてこそ、売上が安定し、利益が出てくるものです。また、一度商品やサービスを購入しているお客様に、それを再度購入してもらう（リピーターになっていただく）ことは、新規顧客の獲得に比べて、時間やお金といったコストが少なくて済む傾向があります。

Facebook営業の「維持」は、継続的なFacebookへの投稿で関係を維持し、お

■維持フェーズ解説図

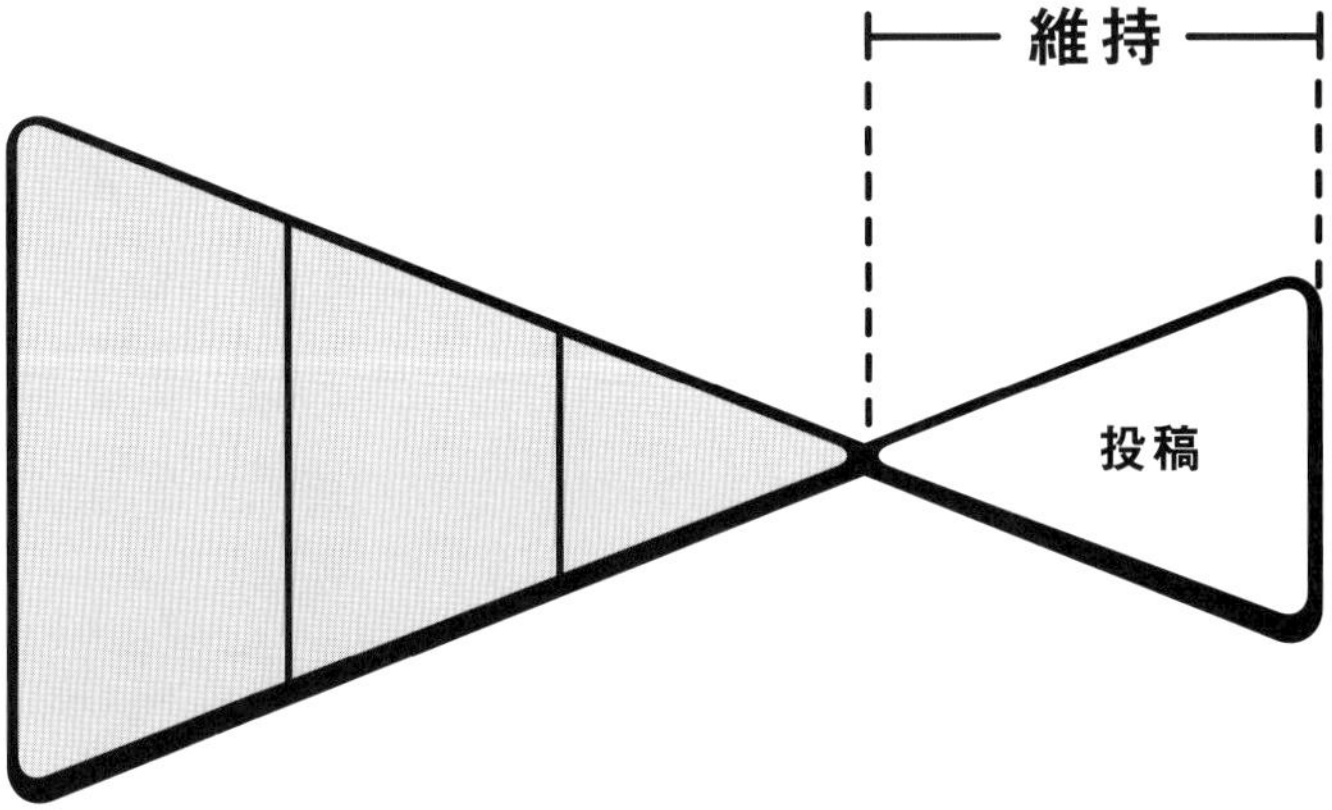

客様の記憶に残り続けることで、ニーズが発生する度にリピートしていただくということになります。

ちなみに、前節の最後にお伝えした「フロントエンド商品が「維持」にもよい影響を及ぼす」というのは、フロントエンド商品を購入してもらった回数分、顧客との接触回数が多くなることにより、「維持」のフェーズに入った後のリピート率も高くなるということです。バックエンド商品をいきなり販売するよりも、フロントエンド商品を介した「お付き合い」が長い方が、自社の商品やサービスへの信頼感も醸成され、その後の関係維持に寄与される、ということです。

11 Facebook営業の「流れ」をおさえる

ここまでFacebook営業の全体像をざっと解説してきましたが、いかがでしたでしょうか？　この段階では、「このような流れでFacebookを使った顧客獲得を行っていくんだ」という全体像がつかめればOKです。具体的な施策については、次章以降で解説を行っていきます。

Facebook営業を実現するためには、最初に「集客」のフェーズからスタートしていくことになります。とはいえ、**基本データやプロフィール写真などを設定していない状態では、集客は難しいでしょう。**何者かわからない状態では、誰もファンや友達になってくれません。そこで第2章では、基本データやプロフィールの設定といったFacebook営業の準備について解説します。

Facebook営業の準備ができたら、第3章で集客のフェーズに入ります。ここでは誰にどのような商品を売りたいのか、という分析から始めて、具体的にどのような方法で集客を行っていくのかを解説します。

集客で見込み客を集めたら、見込み客から顧客になってもらい、さらにリピートしてもらう「教育→販売→維持」のフェーズへと進んでいきます。この3つのフェーズすべてに影響し、本書の中心となるのが第4章、第5章の「投稿」です。

前述したように、投稿による「教育」で自分の商品やサービスを見込み客に浸透させ、ニーズ発生時に思い出してもらうことで「販売」へとつなげていくFacebook営業の核の部分には、**「投稿」が必要不可欠**です。第4章、第5章では、この「投稿」についてのノウハウを、細かいテクニックや実例も交えながら解説します。

第6章では、Facebook投稿の応用編として**「イベント」**についてお伝えします。イベントとは、皆さんが思うような大きな規模のものだけを指すのではありません。たとえば、日々店内で実施されるキャンペーンやセール、季節限定商品や期間限定メニュー、セミナーや勉強会、教室やスクールなど、さまざまなものがイベントに含まれます。**特にフロントエンド商品（売りたいものを売るためのもの）としての活用に適しているのが、この「イベント」です。**第6章では、第4章や第5章で学んだ投稿の応用編として、フロントエンド商品であるイベントを販売する方法について解説します。

第7章では、**「Facebook 広告」**の解説をします。Facebook 広告は、最初の「集客」のフェーズでファンを増やすときなどに使用するものですが、ある程度 Facebook に対する知識を付けたうえで読むのが適切だと判断し、第7章に配置しました。

最後の第8章では、Facebook と比較して**「他のＳＮＳ」**はどうなのか、相乗効果を生むものはないのかを、あくまで Facebook に軸を置きながらお伝えします。

このような流れで、本書は皆さんの Facebook 営業をサポートしていきます。それでは、Facebook 営業の実現に向けて進んでいきましょう！

CHAPTER 02

Facebook営業の「準備」をする

12 Facebook営業にも「名刺」が必要

本章では、Facebook営業を行ううえでの準備を行います。それは、**「基本データ」**を充実させることです。Facebook営業の4つのフェーズの内、入口となるのが「集客」でした。しかし、苦労して集めてきた見込み客に、「このお店は何のお店だろう?」「この人はどんな人だろう?」と思われてしまうようでは集客の意味がありません。そもそも、「どんな会社なのか」「自分が何者なのか」「どこにあるお店なのか」「どんなサービスを扱っているのか」などをきちんと公開しておかないと、「販売」はもちろん、Facebook営業の入口である「集客」にすら結びつきません。**自分のFacebookページや個人アカウントを訪れてくれたお客様に対して渡す名刺の役割をするのが「基本データ」**

■Facebookページの基本データ

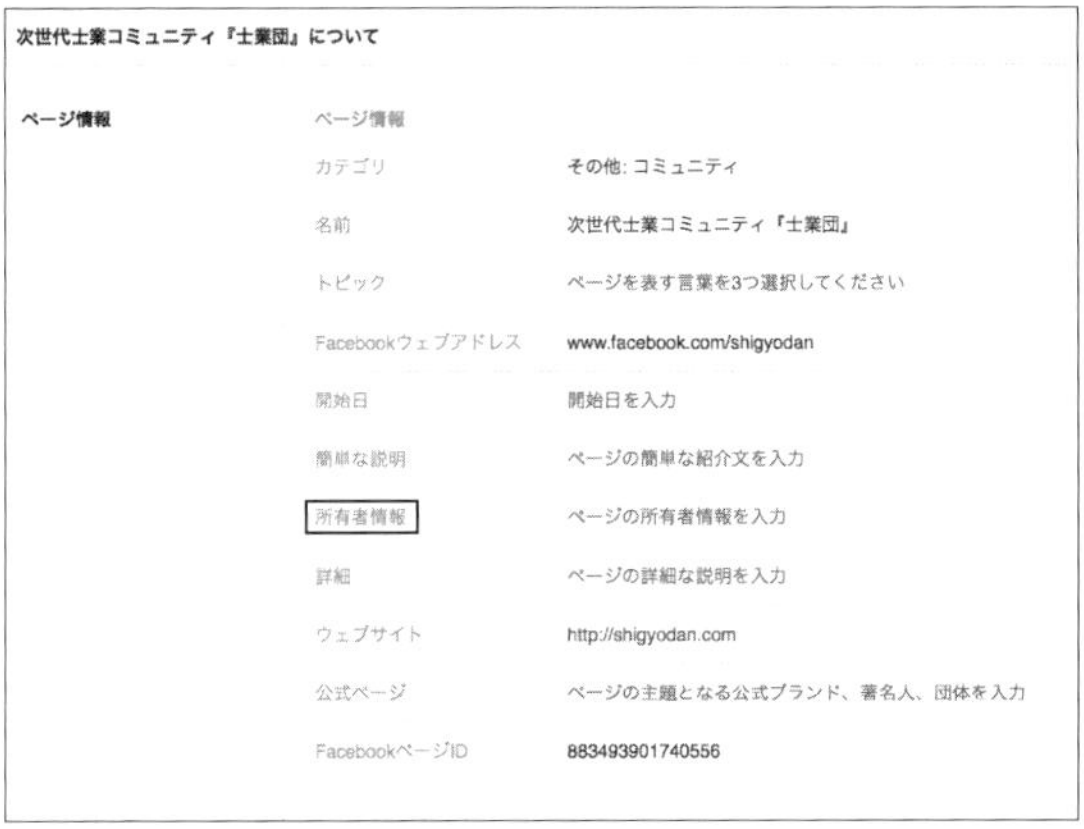
次世代士業コミュニティ『士業団』について
ページ情報
ページ情報
カテゴリ
その他: コミュニティ
名前
次世代士業コミュニティ『士業団』
トピック
ページを表す言葉を3つ選択してください
Facebookウェブアドレス
www.facebook.com/shigyodan
開始日
開始日を入力
簡単な説明
ページの簡単な紹介文を入力
所有者情報
ページの所有者情報を入力
詳細
ページの詳細な説明を入力
ウェブサイト
http://shigyodan.com
公式ページ
ページの主題となる公式ブランド、著名人、団体を入力
FacebookページID
883493901740556

なのです。

基本データは、Facebookページでは、会社などの住所や地図、設立日、電話番号、ウェブサイトなどの設定が可能です。個人アカウントでは、出身地や居住地、出身校、職業、生年月日、ウェブサイトなどが設定できます。

本章では、これらの基本データの中でも**「プロフィール文」**の作成にスポットを当てて解説をしていきます。「プロフィール文」は、基本データにそのような名称の入力欄があるわけではないのですが、Facebookページの場合は「所有者情報」の欄、個人アカウントの場合は「詳細情報」の「自己紹介」の

■個人アカウントの基本データ

基本データ

概要

職歴と学歴

住んだことがある場所

連絡先と基本データ

家族と交際ステータス

詳細情報

ライフイベント

自己紹介

坂本翔（さかもと しょう）

行政書士オフィス２３代表
SNSコンサルタント
次世代士業コミュニティ「士業団」団長

【プロフィール】
高校時代、バンド活動で食べていくことを決意するも、来場者が3名のイベントを経験。「集客」の重要性を痛感し、当時ブームだったブログを活用した集客法で、高校生ながら赤字続きだったイベントを黒字へ転換する。

士業の認知度向上などを目的に『士業×音楽＝LIVE』を主催。過去三回で延べ600名以上を集め、新聞やラジオでも取り上げられる。行政書士としても、県内最年少での開業から約一年で100件以上の案件を受任。これらの集客は、SNS活用により実現させている。

現在は、商工会など全国の団体から講演依頼を受任し、自身でもSNSセミナーを定期的に開催。中小企業のSNS活用コンサルティングを行いながら、次世代士業コミュニティ『士業団』では、同業者である士業に対して経営支援を行うなど、現代の集客に悩む経営者を行政書士兼SNSコンサルタントとして支援している。

【著書】
2016年2月19日、技術評論社からFacebook書籍の出版が決定！

【メディア】
神戸新聞、ラジオ関西

【経歴】
1990年　3月23日神戸市生まれ
2008年　兵庫県立有馬高等学校卒業
2010年　プロを目指して活動していた自身のバンドが解散
　一転、独学での行政書士試験合格を決意
2012年　平成24年度行政書士試験合格
2013年　「士業×音楽＝LIVE VOL.1」を開催
　広告宣伝費0円・SNSだけで120名以上を集客
2014年　県内最年少行政書士として「行政書士オフィス２３」を開設（当時23歳）
　「士業×音楽＝LIVE VOL.2」は事前予約のみで会場が満員に
　次世代士業コミュニティ「士業団」を発足
2015年　「士業×音楽＝LIVE VOL.3」を開催
　動員約200名、USTREAM視聴200名以上、合計400名以上が参加
　「行政書士オフィス２３」神戸市中央区に移転

【取得資格】
行政書士
2級ファイナンシャル・プランニング技能士
メンタルヘルス・マネジメント検定II種

欄への入力を推奨しているものです。このプロフィール文を作成することで、**自分自身の棚卸作業**をする、よいきっかけにもなるのでおすすめです。

個人アカウントの場合は、そのまま自分自身のプロフィール文を作成し、設定すれば問題ありません。Facebookページを活用することになる企業やお店の場合も、結局は人の集合体です。個人の人間味を出せるチャンスと考え、プロフィール文は各々個人のものを作ってください。そのため、この先のプロフィール文についての説明は、皆さんそれぞれ個人のプロフィール文を作るつもりで読み進めていただければと思います。

13

プロフィールは「意外と見られている」

プロフィール文は、主にFacebook営業の「集客」のフェーズに影響を及ぼす非常に強力なツールです。私自身もプロフィール文がきっかけで、セミナー講師やSNSコンサルティングのご依頼、行政書士の仕事などにつながった経験が何度もありますし、過去にプロフィール文の作成支援をしたクライアントの中には、プロフィール文を公開しただけで、それをネタにお客様に声をかけられる機会が多くなり、リピート率が上がったというご報告をいただいたこともあります。

私自身、プロフィール文に力を入れ始めてから実感していることですが、**プロフィー**

ル文は、自分が思っているよりも他人に見られています。ビジネス上のやり取りが多いFacebookでは、仕事の依頼時に相手方のページの基本データを確認したり、友達リクエストのときにどのような人なのかをプロフィール文で判断されたり、イベントなどの主催者であれば参加者にチェックされている可能性も高いのです。

個人ではなく店舗や会社の場合でも、Facebookページにアクセスして、そのお店の場所や営業時間はもちろん、どのような人が経営しているのか、スタッフはどんな人なのか等をプロフィール文で確認できた方が、お客様は安心して足を運べます。このように、Facebookにおける「プロフィール文」はとても重要なポジションにあるのです。

ここで作成するプロフィール文は、Facebookに限らず、ウェブサイトのスタッフ紹介ページ、他のSNSのプロフィール欄など、さまざまなウェブ媒体でも活用できます。また、名刺やチラシに載せたり、現実世界で自己紹介をしたりするときなどにも役に立ちますので、幅広く活用できるプロフィール文を作成していきましょう。

14 「フロントエンド商品」を販売するのが先

ここでは、どのようなプロフィール文を作成するべきなのか、その方向性について解説します。突然ですが、**皆さんにとって「売りたいもの」は何でしょうか？** 言い換えると、38ページでお伝えした、「バックエンド商品は何でしょうか？」ということです。プロフィール文の作成には、まずこの問いの答えが必要になりますので、考えてみてください。

たとえば、第1章の例を引用すると、ランチとディナーを販売している飲食店の「売りたいもの」は、「ランチ」でしょうか？　私の業界（士業やコンサルタント）では、自分のノウハウを伝える「セミナー」をよく開催しますが、そのセミナーの参加費は、3,000円〜5,000円くらいが相場で、無料にしている方もいます。この場合、「セミナー」が「売りたいもの」でしょうか？

当然、**答えはNO**です。飲食店は、ランチではなく**「ディナー」**、士業やコンサルタントは、セミナーではなく**「顧問契約」**が売りたいもの（バックエンド商品）となります。しかし、バックエンド商品は企業やお店にとって「利益が出るもの」になるので、フロントエンド商品に比べて単価が高いのが通常です。ディナーがランチの倍以上の金額設定のお店もよくありますし、顧問契約は、セミナー参加費の10倍以上の金額になる場合もあります。

何が言いたいのかというと、**バックエンド商品は「売りにくい」のです**。だからこそ、ディナーに来ていただくために、まずはランチを安く提供してお店に興味を持ってもらったり、顧問契約をしていただくために、まずはセミナーに参加していただいて自分自身を知ってもらったりするわけです。

■フロントエンド商品とバックエンド商品

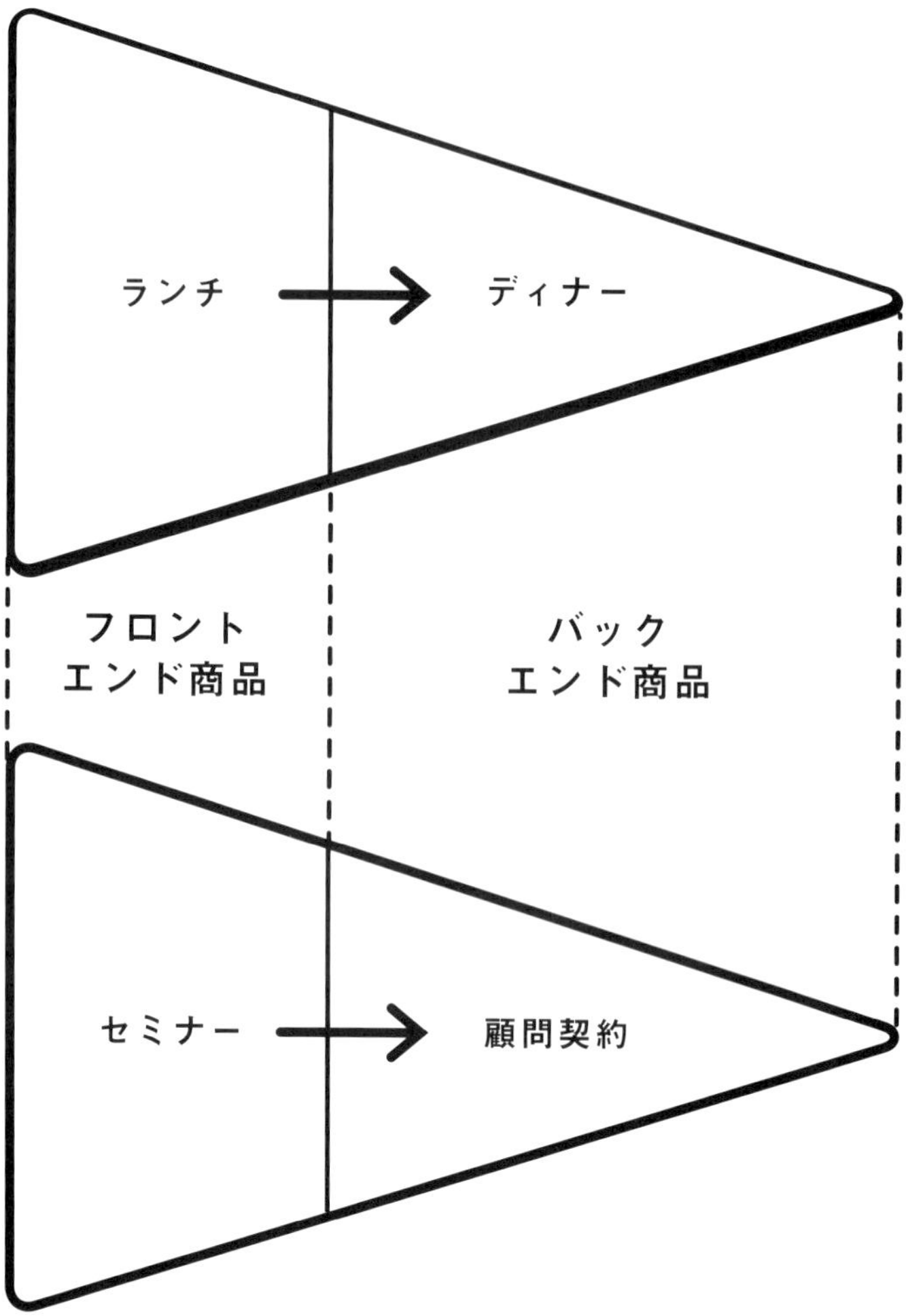

ここでプロフィール文の話に戻りますが、プロフィール文でバックエンド商品ばかりを強調したところで、そもそも売りにくいものなので、プロフィール文だけで販売まで誘導するのは難しいでしょう。そこで登場するのが、ランチやセミナーのような「フロントエンド商品」です。まずは、この低価格な**フロントエンド商品に誘導できるプロフィール文にする**のが理想的だと言えます。

もう一度、上記の例に当てはめると、

- **ディナーを販売するために、まずはランチに誘導できるプロフィールにする**
- **顧問契約を販売するために、まずはセミナーに誘導できるプロフィールにする**

ということです。この原則をしっかりと理解して、この先のプロフィール作成に進んでいただければと思います。

15 プロフィールでは「実績」を見せて売る

それでは、実際にどのようにして「フロントエンド商品を販売するプロフィール文」にしていくのでしょうか。ポイントは次の3つです。

- **「バックエンド商品」はさりげなく出す**
- **「フロントエンド商品」の存在をアピールする**
- **「フロントエンド商品」を販売することができる根拠や実績を客観的に見せる**

それでは、執筆時現在の私のプロフィール文（次ページ参照）を使って解説していきます。

高校時代、バンド活動で食べていくことを決意するも、来場者が３名のイベントを経験。「集客」の重要性を痛感し、当時ブームだったブログを活用した集客法で、高校生ながら赤字続きだったイベントを黒字へ転換する。

士業の認知度向上などを目的に『士業×音楽＝ＬＩＶＥ』を主催。過去三回で延べ６００名以上を集め、新聞やラジオでも取り上げられる。行政書士としても、県内最年少での開業から約一年で１００件以上の案件を受任。これらの集客は、ＳＮＳ活用により実現させている。

現在は、商工会など全国の団体から講演依頼を受任し、自身でもＳＮＳセミナーを定期的に開催。中小企業のＳＮＳ活用コンサルティングを行いながら、次世代士業コミュニティ『士業団』では、同業者である士業に対して経営支援を行うなど、現代の集客に悩む経営者を行政書士兼ＳＮＳコンサルタントとして支援している。

私のプロフィール文の場合、バックエンド商品に該当するのは、「ＳＮＳコンサルティングの顧問契約」です。「士業×音楽＝ＬＩＶＥ」や「士業団」、「行政書士」など私の他の事業も文中に出てきていますが、これはバックエンド商品として見せているのではなく、フロントエンド商品を販売する根拠となる実績の一部として出しています。

前述したように、利益が出る比較的高単価のバックエンド商品をいきなり販売するのは難易度が高いので、まずは入口商品としてフロントエンド商品を販売します。私の場合、中小企業や個人事業の経営者の方に、ＳＮＳを使ったマーケティングをお伝えする「セミナー」がフロントエンド商品になります。ただ、セミナーに来てほしいからと言って、直接「セミナーに来てください」とプロフィール文に書くわけにはいきませんし、それを書いたところで興味を持ってもらえなければ誰も来てくれません。

それを解決するためには、**「セミナーを開催するだけの実績を公開する」**という方法がもっとも簡単で効果のある方法です。前ページのプロフィールでは、「６００名以上」

や「100件以上」などの数字を使って、セミナーを開催するに足りる実績があることを公開しています。私のプロフィール文のように、別のライターが書いたかのように、それらを**客観的な視点で伝える**のも重要なポイントです。

見込み客は、このような根拠や実績を確認することで安心してフロントエンド商品の購入へ進むことができるのです。

16 プロフィールは「数字」でインパクトを出す

前節の私の例では、**フロントエンド商品を販売する根拠となる実績として「数字」を使っています**。集客できるプロフィール文の作成において、数字の活用は重要なテクニックのひとつです。文章内に数字があることで、漢字とひらがなのみの文章と比較して、**視覚的なインパクトが強く、圧倒的に読み手の記憶に残りやすくなります**。より読み手の印象に残すためには、「数字」という武器を効果的に使う必要があるのです（アルファベットやカタカナを使うのも効果的です）。

Facebookに投稿する文章を作る際にも言えることですが、「読み手に視覚的なインパクトを与える」という感覚は重要です。数字は、文章上で簡単にインパクトを与える力を持っているので、**数字化できるものは数字化して伝える**ようにしましょう。

士業・コンサルタントである私の場合は、「セミナーを開催する根拠となる実績」という位置付けで数字を使いました。前述した飲食店の例の場合は、「美味しいランチを安く販売できる理由」などを書き、その中に数字を入れてみてください。たとえば、「20種類以上の野菜や果物を栽培する自社農園から直送する（安さの根拠）ことで、収穫3時間以内に調理ができる（美味しさの根拠）から」というような形で、数字で表現できる部分は数字を使いながら、プロフィール文を考えてみましょう。

自分の実績やフロントエンド商品を販売できる根拠などをすぐに数字化できない方は、ここで一度考える時間を作って、自分自身の棚卸作業をしてみてください。紙に書きながら考えると、視覚化されてわかりやすいと思います。

17 プロフィールは「400字まで」が適切

数字絡みでもう一つ注意してほしいのは、プロフィール文自体の文字数です。当然のことですが、だらだらと自分の書きたいことだけ書けばよいというものではなく、読み手を意識した文章にする必要があります。私が推奨する文字数は、**「400字まで」**です。一般的な原稿用紙一枚分以下が理想です。

意外と少ないと思った方も多いと思いますが、プロフィール文を使う場面を考えてみてください。プロフィール文を掲載する主な場所は、FacebookなどのSNSやウェブサイトのプロフィール欄、チラシやパンフレットに載せるプロフィール、名刺の裏面などが考えられます。物理的に長文が掲載できない場合がほとんどなのです。

まずは、**数を気にせずザッと書いてみて、後で不要な文章を削ぎ落としていく**形で、文字数を調整していくようにしてください。

逆に、「プロフィール文の文字数の最低ラインはどれくらいですか？」とクライアントに聞かれることがあります。これまで多くの方のプロフィール文を見てきましたが、**「200字」が最低ライン**だと伝えています。自分自身を表すプロフィール文が、一文や二文など短すぎるのも見栄えがよくないですし、自分を自由に表現できる貴重な場でもあるので、短い文章で終わらせてしまうのはもったいないと言えます。最低でも200字以上にはなるように考えてみてください。ただ、プロフィールを単なる実績の羅列ではなく「文章」として書こうと思うと、自然と200字以上にはなるはずですので、まずはとにかく書いてみましょう。

まとめると、**プロフィール文は「200字〜400字」で完成させる**ということです。

18

「ギャップ」を利用して読み手の記憶に残る

どんな職業でも同じですが、見込み客の記憶に残ることができないと、ニーズ発生時に思い出してもらうことができないため、販売にはつながりません。その見込み客の記憶に自分を残すための1つの方法として「ギャップ」があります。

さきほど、自分自身の棚卸作業をしてみてくださいとお伝えしましたが、その中で**「見た目と職業のギャップ」**や**「経歴と職業のギャップ」**が見つかった方はいないでしょうか？

前者の例を挙げると、「周囲から強面だと言われる男性がパティシエをしている」など、

一般的にイメージされる職業像と自分の見た目にギャップがある場合、そのギャップを活かすべきです。この場合、Facebookの職業欄に職業名を入れて、自分の顔がわかる写真をプロフィール写真に設定するだけで、インパクトのあるギャップがひとつ完成します。

後者の例は、私のように、「バンドマンが行政書士になった」などが挙げられます。実際に私は、**「平成生まれバンドマン行政書士」**というキャッチコピーをブログタイトルとして使っていました。それが現実世界にも広まり、「若くして独立し、音楽活動もしている行政書士」として、メディアの取材を受けたこともあります。このようなギャップをお持ちの方は、プロフィール文はもちろん、ウェブサイトや名刺に載せるご自身のコピーなどに使うと、キャッチーなインパクトの発生が期待できるのでおすすめです。

これら2つのギャップが無い方は、無理に作ることはできません（嘘をつくわけにはいかないので）。そこで次節では、誰でも使える3つ目の「ギャップ」をご紹介します。

19

話の落差で「ストーリー性」を出す

3つ目のギャップは、**「話の落差から生まれるギャップ」**です。この「話の落差から生まれるギャップ」であれば、工夫次第で誰でもインパクトのあるギャップを作ることができます。私の本書執筆時のプロフィール文を例にすると、「過去に3名の集客しかできなかった」という話から始まり、「主催イベントで600名以上を集めた」という話に続いていきます。この話の流れから生まれる落差（ギャップ）によって、インパクトが生まれるのです（次ページ図参照）。

プロフィール文では、**プラスのことばかりを見せるのではなく、今の実績に至るま**

■「話の落差から生まれるギャップ」イメージ図（私の場合）

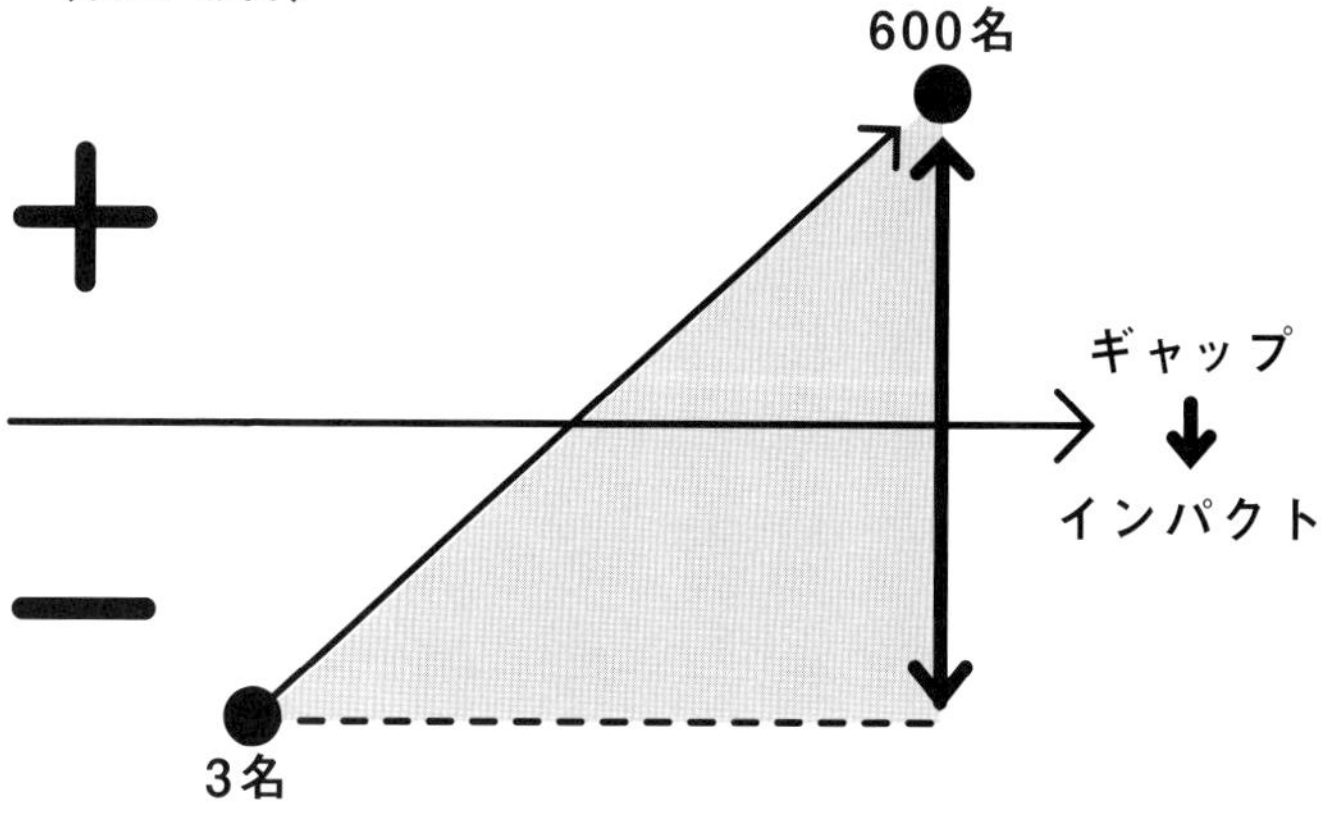

での過去の苦労話などを最初に持ってくると、読み手を引きつけることができると同時に、本節の「話の落差から生まれるギャップ」を作ることもでき、一石二鳥の効果があります。

　現在、SNS集客のコンサルティングや運用代行をしている私にとって、過去に3名しか集客できなかった経験は隠しておきたい部分ではあるのですが、それをあえて見せることで、「現在に至るまでにいろいろな苦労があったのだろう」「どのようにして６００名を集められるまでになったのか」など読み手側に興味を持ってもらうことができ、「最初は自分もできなかった」という**弱い部分を**

見せることで共感を得ることもできます。

もうひとつ、話の落差から生まれるギャップの例を挙げておきます。これは過去に私がプロフィール作成を支援したクライアントの例です。現在は指名数や売上などが店内No.1の美容師さんが、新人時代は同期よりもお客様の髪をカットできる技術レベルに達するのが遅かったというプロフィールがありました。これも私の場合と同じで、今の自分に至るまでの苦労話などを盛り込んでいます。

プロフィール文の流れとしては、「新人時代、同期よりもカットデビューが遅く……」という話から始まり、「……現在では、店内人気No.1スタイリストとして○○（店名）を支えている。」というような形になります。

この「話の落差から生まれるギャップ」は、**「ストーリー性」**という言葉に言い換えることもできます。たとえば、少年漫画の中で、主人公が何の苦労も無く次々に敵を倒していく話は面白いでしょうか？　敵を倒すまでの過程の中で、仲間が倒されてしまった

■「話の落差から生まれるギャップ」イメージ図
（クライアントの場合）

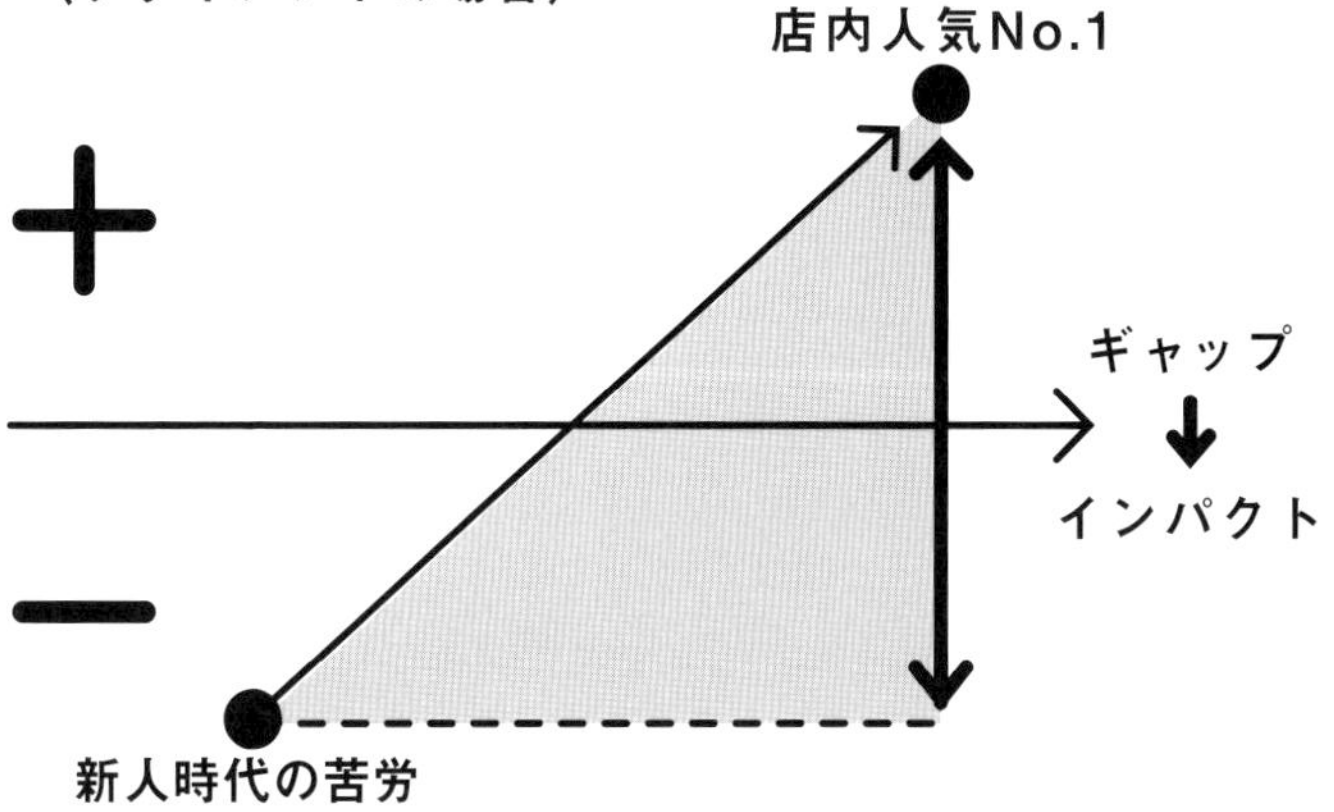

り、勝つために修行をしたりなど、**話の中でそのような浮き沈み（ギャップ）があるからこそ、人は共感を覚え、それを面白いと感じます。**プロフィール文は、漫画のように長くは書けないですが、同じような状態を再現することは可能です。見込み客の印象に残ることができるようにうまく「ギャップ」を活用し、インパクトのあるプロフィール文を作成してください。

ちなみに、プロフィール文は実績ができる度に頻繁に変更してもOKです。私は最低でも年に2回は見直すようにしています。**常に最新の状態に保っておくべき**だということも覚えておきましょう。

20 補足情報で「心に残る引っ掛かり」を用意する

これまでお伝えしたことを簡単に整理すると、フロントエンド商品を販売する文章にするために、その根拠となる実績や、それを販売できる理由を数字で表し、ストーリー性を意識しながら文章内でギャップを作ってインパクトを生み、２００字～４００字程度のプロフィール文にするということでした。

本節では、この**プロフィール文を「補足する役割のもの」**についてお伝えします。プロフィール文を補足する役割のものとして挙げられるのは、「経歴」や「取得資格」、「理念」や「目標」、「他のＳＮＳへのリンク（アカウント一覧）」などです。

他のSNSへのリンク以外は、プロフィール文の中に含めて書くのがもっとも自然なのですが、文脈や字数の関係で文章内に入れることができない場合もあると思います。その場合は、【経歴】【取得資格】というように、**別で項目を設けて掲載**しましょう。私のプロフィール欄（https://www.facebook.com/sho.sakamoto.323）を参考にご覧ください（「基本データ」→「詳細情報」→「自己紹介」）。ここにはプロフィール文の下に【経歴】【取得資格】などを掲載しています。

こうした情報を掲載する理由は、何をきっかけにして商品やサービスが販売に至るかわからないからです。たとえば、私は過去に「出身校が同じ」という理由で仕事のご依頼をいただいたことがあります。お客様は自分のどこに引っかかって覚えてくれているかわからないものだなと、そのとき実感しました。**見込み客の心に残る引っ掛かりをなるべく多く用意する**ことも、プロフィールの重要なポイントです。インターネット上では、書くことで自分から表現しないことには、何も相手に伝わりません。Facebook営業においても、それを意識していただければと思います。

21 自分の顔は「必ず公開」する

ここまでで、プロフィールに含める内容の解説がひと通り終わりました。ここからは、Facebookをはじめとする SNS で、とても重要な位置付けの**「プロフィール写真」**についてお伝えします。プロフィール写真は、主にニュースフィード（ファンになったページの投稿や友達の投稿が表示される場所）でユーザーの目に触れる機会が多く、それ1枚で自分を表現することができるとても大切なツールです。単に「好きな写真だから」という理由などではなく、しっかりと考えて設定するべきだと言えます。

まず大前提として、**顔を公開する覚悟は持ってください**。皆さん自身に置き換えて考えていただければと思うのですが、顔を知らない人からものを買ったり、お金を払ったりするのは怖くないでしょうか？　集客から教育、販売に至るまでに、少しずつ信頼度を積み重ねていくのがFacebook営業です。「顔を公開していない」というすぐに解決できる部分で損をしないようにしてください。

また、個人ではなく企業や店舗の場合は、Facebookページを会社名や店名など、人ではない形で運用をしていくことになるので、会社のロゴやお店の外観などをプロフィール写真にする場合が多いと思います。その場合は、日々の投稿やカバー画像の中で、代表者はもちろんスタッフの顔が公開できればOKです。**顔を公開することで人気（ひとけ）が出るので、無機質なインターネット上に温かみを出すことができ、それがFacebook営業には大きく影響してきます。**

第1章でお伝えしたように、個人が商品となるような業種や企業の代表者などは、個人アカウントもFacebookページと同じくらい重要なポジションにあります。特にそのような皆さんは、きちんと顔を公開しておきましょう。

22 写真で「自分の個性」を表現する

顔を公開する覚悟を持っていただいたところで、次にどのような写真に設定するのかという話に入っていきます。**写真はなるべくインパクトのあるものを使用する**ことをおすすめします。職業によってどの程度のインパクトが適切なのかは、皆さん自身で判断をお願いします。私の現在のプロフィール写真は、**「スーツ＋行政書士バッジ＋エレキベース＋屋外」**というインパクト重視の写真を使っています（次節または本書カバーの写真をご覧ください）。おそらく、私と同業者で、私と同じような写真を名刺やＳＮＳで使っている方は他にいません。この**「他の人がやっていないことをする」**という感覚は、「相手の記憶に残る」という観点からも、とても重要なことだと言えます。

ここで、プロフィール写真を撮影するときのポイントをお伝えします（多くの方の目に触れる大切な写真ですので、プロのカメラマンに撮影を依頼することを私は推奨しています）。まず1つ目のポイントは、**顔以外で「自分」と判断できる要素をいくつか入れること**。これは、私の場合で言うと、「行政書士バッジ」や「エレキベース」がこれにあたります。たとえば、花などの植物が好きな美容師さんであれば、たくさんの花や植物をバックに、ハサミなど仕事道具を持って写っている写真などインパクトがあってよいと思います。

このように、自分の個性や職業的な特徴を写真で表現しましょう。変わったシチュエーションで写真撮影をすることに抵抗がある方は多いかもしれませんが、その抵抗を感じるくらいのインパクトがないと、日々多くの情報が流れてくるインターネット上で、相手の記憶に残ることはできません。実践している人が少ない今がチャンスだと私は思います。

23

写真は「服と背景の色」に気を配る

プロフィール写真の2つ目のポイントは、**「服の色」と「背景の色」、この2色で自分と判断できるように色の印象にも気を配ること**です。Facebookをはじめ、SNS上で表示されるプロフィール写真はサイズが小さいです。ユーザーのニュースフィードには、日々何百人もの友達の投稿が流れてきます。その中で、ユーザーは記事自体に付いている写真の次に、その投稿者が誰なのかを左上の小さなプロフィール写真で確認し、その記事を読むか読まないかを瞬時に判断します。特にスマートフォンでは、サイズが小さくて顔まで判別できないので、表示されるユーザー名はもちろん、**写真の色合いで誰かを判断している**ような状況です。肌や髪の色を変えるには限界があるので、服と背景の色を自分のイメージカラーに設定して、色でも自分を印象付けましょう。

前節のポイントを含めた、この2点を意識して撮影すれば、誰とも重ならない自分だけのプロフィール写真が完成します。そして、**一度設定した写真を頻繁に変更することは避けてください**。プロフィール写真の効果は、続けて使用するからこそ現れてくるものです。

プロフィールについての解説は以上です。見込み客に自分を知ってもらい、記憶に残るために、プロフィール文やプロフィール写真などの基本データの設定は、日々の投稿と同じくらい重要です。ぜひ基本データをしっかりと充実させてください。

それでは、基本データが設定できたことを前提に、次章から本格的にFacebook営業の話に入っていきます。

■私のプロフィール写真

COLUMN

自分自身を見つめ直すきっかけ

Facebook営業の核であり、本書でも多くのページを割いているのが「投稿」です。ただ、いくら投稿をしても、**まず自分自身に興味を持ってもらえないことには、その投稿で発信する情報をファンや友達に読んでもらうことすらできません。**

自分自身に興味を持ってもらうためには、投稿の中で自分を表現することも大切ですが、その前に「基本データ」を充実させることが必要です。それが、第2章でご紹介した「プロフィール文」や「プロフィール写真」でした。

プロフィール文やプロフィール写真を設定することで、第2章の中でご紹介した直接仕事につながるような効果が現れることはもちろん、基本データを充実させた途端に、友達リクエストやフォロー、ページへの「いいね！」が増えることを実感できると思います。

私のSNSコンサルティングのクライアントからは、**「プロフィール文やプロフィール写真について考えることで、自分自身や自分のビジネスを見つめ直すよいきっかけになりました」**という声をよくいただきます。

皆さんもFacebook営業の詳しい解説に入る前に、ぜひプロフィールについてしっかり考えてみてください。

CHAPTER

03

Facebook営業で「見込み客」を集める方法

24 見込み客を「ファン」と「友達」にする

前章で個人アカウントやFacebookページの基本データが設定できたら、いよいよここから「Facebook営業」に入っていきます。この章では、最初のフェーズ**「集客」**について解説していきます。Facebookでは、いくら投稿、つまり営業活動をしても、見てくれる人がいなければ効果はありません。そしてこの「見てくれる人」つまり「見込み客」は、黙っていても来てくれるわけではなく、こちらから積極的にアプローチを行わなければ、増えていくことはないのです。

Facebookページの「見込み客」とは、32ページでも解説した「ファン」のことです。

Facebookページに対して「いいね！」をしてくれた人が、そのページのファンになります。それ以降、投稿した内容が、ファンのニュースフィードに表示されることになります。

それに対して、個人アカウントの場合の「見込み客」は「友達」です。相手に友達リクエストを送り、承認されれば「友達」になります。以降、投稿した内容が「友達」のニュースフィードに表示されます。

このように、Facebook営業の対象となるのは「ファン」と「友達」です。**Facebook営業で言うところの「集客」とは、自分の商品やサービスの見込み客である「ファン」や「友達」を集めるということ**なのです。

25 Facebook営業の対象を「絞り込む」

Facebook営業で言うところの「集客」とは、「ファン」や「友達」を集めるということでした。しかし、ファンや友達になってくれる人なら誰でもよいというわけではありません。たとえば、女性向けエステサロンのFacebookページで、いくら男性のファンばかりを集めても、ほとんど意味はありません。まずは**「どんな人が自分の商品やサービスの見込み客なのか」**を把握し、その層の人にファンや友達になってもらう必要があります。

過去や現在のお客様で、自分にとって理想的と思われるお客様がいれば、そのお客様を

ターゲット像（理想顧客像）として定めてください。

理想的なお客様が見つからない場合は、ターゲット像を一から設定する必要があります。たとえば、性別や年齢、居住地、職業、年収、学歴、趣味、家族構成、日々の行動、インターネット環境、関心があること、現在の悩みや課題、その見込み客が自分の商品やサービスを購入するまでのエピソードなどをイメージして、それを書き留めておきます。このとき、非現実的な設定はせず、できるだけリアリティのある顧客像をイメージするようにしてください。仮の顔写真や名前なども設定しておくと、見込み客をリアルに感じることができるのでより効果的です。

このように、**明確なターゲット像をイメージできると、そのターゲットになる見込み客の視点でFacebookを活用できるようになります**。文章表現に迷ったときなど、そのターゲット像が判断基準になり、より見込み客に響く効果の高い発信ができるようになるのです。

26

集客ターゲットの例①
神戸市のレストランの場合

ここで、架空の企業を設定して、集客の対象となるターゲット像を考えてみます。最初は、ランチコース平均単価が2，000円代、ディナーコース平均単価が5，000円代の神戸市のレストランの場合です。

年齢	55歳
居住地	神戸市
性別	男性（ターゲットは夫婦（その男性側））
職業	会社員（妻も別会社の会社員）

家族構成　子供2人が成人し、現在は夫婦2人暮らし

年収　夫婦合わせた世帯年収は約1，000万円

学歴　○○大学○○学部卒業

趣味　ゴルフ（妻の趣味は料理）

起床時間／就寝時間　平日→6：30／0：00、休日→8：00／0：00

通勤時間　7：30〜8：00（電車）

勤務時間／曜日　8：30〜17：30／月曜〜金曜（たまに土曜）

食生活　朝（7：00頃）→夫婦で妻手作りの和食、昼（12：30頃）→妻手作りの弁当（休日は夫婦で外でランチをすることが多い）、夜（19：30頃）→夫婦で夕食（休日は夫婦一緒に外でディナーをすることが多い）

インターネット環境　自宅にデスクトップパソコン（Windows）1台、仕事用のノートパソコン（Windows）1台、スマホ（アンドロイド）1台所有

使用中のSNS　Facebook（昔の友人や海外の友人との交流のために使用）、Twitter（登録はしているがほとんど使っていない）、LINE（家族とのやりとりのために使用）

日々の行動 Facebookは、帰宅時の電車内でスマホを使って確認するか、就寝前の遅い時間にメールのチェックついでにパソコンからアクセスすることが多い。

関心があること 2人とも月曜～土曜が仕事なので、日曜に毎週2人で食事に行くことを楽しみにしている（常に飲食店の情報は気にしている）。行ったお店の料理の写真とその感想をよくFacebookにチェックイン投稿している。

このようなターゲットを想定したうえで、販売に至るまでのエピソードを考えてみます。

18時頃、帰宅時にスマホからアクセスしたFacebookのニュースフィードで、「○○さんがいいね！　と言っています」という形でレストランの広告（ページを宣伝する広告）があがってきているのを見つけ、現在住んでいる神戸市のレストランということもあり「いいね！」を付ける。

←

その後、定期的にニュースフィードにあがってくるそのレストランの料理の投稿を見るようになる。料理の投稿だけでなく、店内や従業員の紹介も公開している点に親近感がわき、他の飲食店よりも印象に残る。

←

妻と今週日曜に行く飲食店の話になったときに、このレストランを思い出し、Facebookページから電話番号を調べ、まずはランチの予約をする。

←

ランチで料理や接客を気に入った2人は、来週土曜の夜のディナーの予約を精算時にして帰宅。

←

その後、月1回は通う常連へ。

このように設定していくことで、このターゲット像に合った適切な投稿時間が把握できたり、どのような投稿内容にすればよいかが見えてくるのです。もうひとつターゲットの例をご紹介します。

27

集客ターゲットの例②
大阪市のヨガ教室の場合

次の例は、週1回1時間、月額1万円の大阪市のヨガ教室の場合のターゲット像です。

年齢　35歳

居住地　大阪市

性別　女性

職業　専業主婦（前職は会社員　※夫はその会社で勤務）

家族構成　幼稚園の娘と夫の3人暮らし（車で約15分のところに自分の親が住んでいる）

年収　夫の年収は約８００万円（月１万円くらいなら自由に使える）

学歴　〇〇大学〇〇学部卒業

趣味　なし（子供が幼稚園に行っている間に何か始めたいと思っている）

起床時間／就寝時間　平日→6：30／23：30、休日→7：30／23：30（夫の出勤時間に合わせている）

使用中のSNS　Facebook（会社員時代の友人との交流が中心で、専業主婦なので社会との関係を維持するという目的もあって使っている）、LINE（家族やママ友、友人とのやりとりが中心）

インターネット環境　自宅にデスクトップパソコン（Windows）1台、スマホ（iPhone）1台所有

日々の行動　11：00～14：00以外は家事などでまとまった時間が取れないので、隙間時間でSNSなどはチェックしている。趣味を始めるなら11：00～14：00の時間帯。

関心があること　最近体型を気にしている。趣味がないので、健康のためにもなる習い事があればすぐにでも始めたい。

このようなターゲットを想定したうえで、販売に至るまでのエピソードを考えてみます。

隙間時間にFacebookを見ていると、ヨガ教室に通っているママ友の投稿を発見。その教室の先生がタグ付けされており、その先生のタイムラインに飛んで投稿を見ているうちにヨガに興味がわいてくる（その投稿とは、ヨガや身体についての豆知識、生徒たちとの楽しそうな教室風景などが主）。

←

Facebookのメッセージでそのママ友にヨガ教室について興味があることを伝え、後日、無料体験レッスンの申し込みチラシをもらう。

←

無料体験レッスンに申し込み、実際に体験できたことで、この教室に通う決心がつく。

←

夫に相談し、次の週から本格的に通うことに。

このように明確なターゲット像を設定しておくことで、**投稿時の判断基準**になり、Facebook広告のターゲット設定やFacebook上の発信で迷うことがほとんどなくなるのです。

ここでご紹介した2つのターゲット例は、あくまで一例です。さらに細かい事項を設定するなど、皆さんの商品やサービスに合わせて、集客のターゲット像を設定してみてください。

28 「ファン」と「友達」を増やす方法

前節で、皆さんの商品やサービスのターゲットを明確にしていただきました。より効率的に顧客獲得をしていくために、その設定したターゲット層に絞って、ファンや友達を増やしていくことになります。では、ファンや友達は、どのようにして増やしていけばいいのでしょうか？　その主な方法が次のような方法になります。

ファンを増やす（Facebook ページに「いいね！」をしてもらう）

・Facebook 広告を活用する
・個人アカウントの友達に「いいね！」をリクエスト（招待）する

・そのFacebookページの投稿に「いいね！」をしてくれた人に「いいね！」をリクエスト（招待）する
・Facebook以外のSNSやホームページなど他のウェブ媒体で拡散する
・チラシやポップなど現実世界の媒体でアピールする　など

友達を増やす

・現実世界の人脈にリクエストを送信する
・Facebook以外のSNSやブログなど他のウェブ媒体で友達を募集している旨を発信する
・友達を増やす目的のFacebookグループに参加する
・Facebookグループを作成する　など

友達を増やす方法の最後に挙げた「Facebookグループを作成する」は、ターゲットを絞ったグループを作成し、その参加者に対して友達リクエストを送るという方法です。ただし、**友達リクエストは「実生活の知り合いのみに送る」のがFacebookの原則**になります。「現実世界の人脈にリクエストを送信する」以外の友達を増やす方法を実践するときは、自己責任で行ってください。後ほど、私自身の実例を交えてお伝えしますが、実生活の知り合いではなくても、お互いに納得して友達になる場合には、何の問題もないと個人的には考えています。

そして、Facebookページのファンを増やす方法は、前節で明確にしたターゲット像を対象にした**Facebook広告を使って、Facebookページへの「いいね！」を集めることが基本**になります。これに加えて、補助的な方法として、他の媒体でアピールする方法などが考えられます。

ちなみに、Facebookの「いいね！」は、**「Facebookページへのいいね！」**と**「投稿へのいいね！」**の2種類があります。ここで言う「いいね！」は前者です（Facebookページへ「いいね！」をしてもらうことで、そのユーザーは「ファン」となります）。Facebookを始めたばかりの方は混同しないようにご注意ください。

■集客フェーズ解説図（詳細）

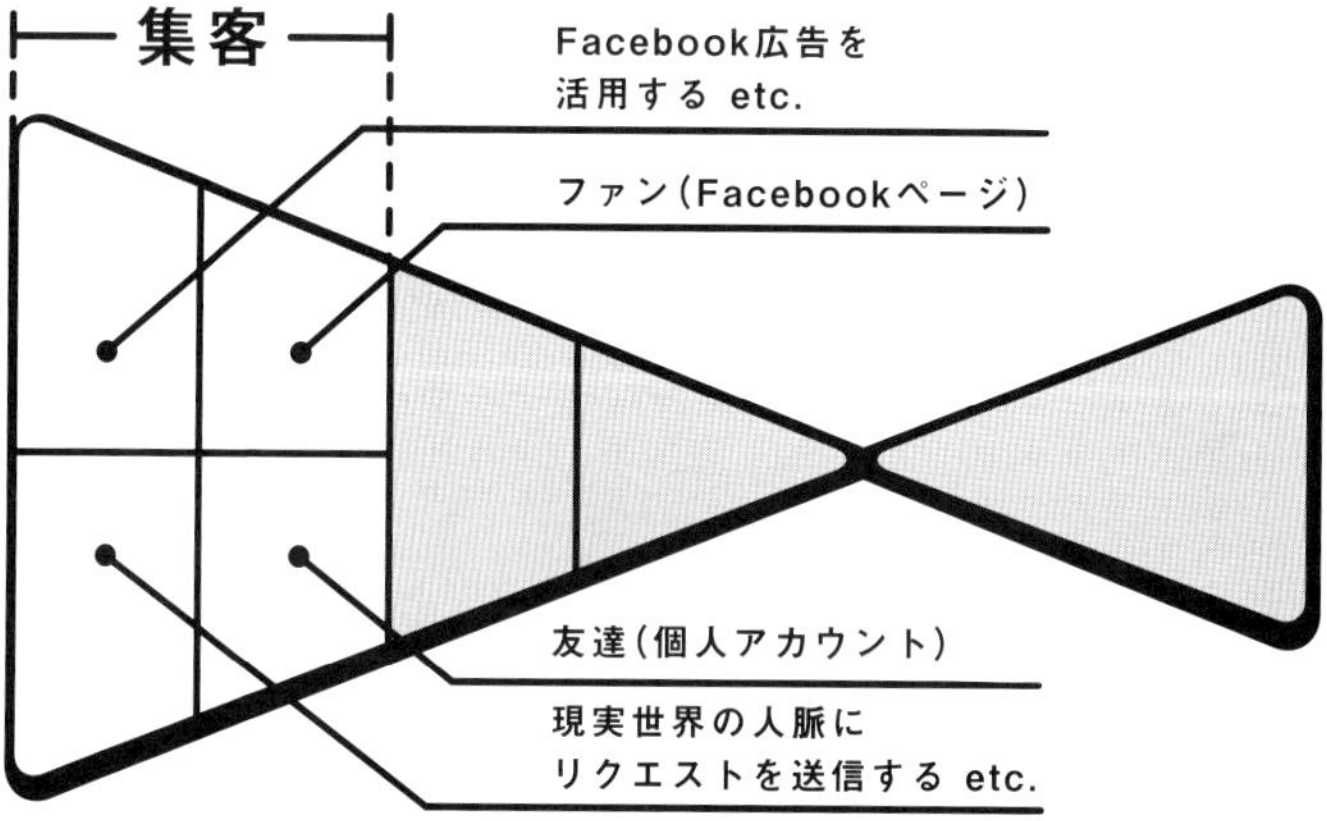

なお、Facebook広告の活用方法について、詳しくは第7章で解説します。集客ターゲットを明確にしたうえで、必要に応じて第7章を参照してください。個人アカウントの友達を増やす方法については、次節以降で詳しくご紹介します。

29 「現実世界で出会った人」とは必ず友達になる

Facebookページのファンを増やす場合とは異なり、個人アカウントの友達を増やすことにFacebook広告は使えません。友達を増やしていくには、現実世界での地道な活動が必要になります。私が意識していることは、次の2点です。

- **現実世界で出会った人とは、必ず友達になるクセを付ける**
- **リクエストの送信は、現実世界の人脈だけに限らない**

前者は、そのまま言葉通りです。たとえば、交流会などで新しい人と名刺交換をしたら、必ずFacebookで検索をかけて友達リクエストとメッセージを送ります。84ページで設定したターゲットが多く集まるようなイベントなどに出かけていき、積極的に友達になるのも1つの方法です。また、同業や類似業種からの紹介が期待できるような職種（士業など）の場合は、その同業や類似業種の友達を増やしておくとよいでしょう。行政書士でもある私は、実際に仕事を紹介してくれる可能性の高い税理士や社労士の友達を意識的に増やしています。

また、美容院やエステサロンなどの接客業の場合は、自分の担当したお客様と友達になるのもおすすめです。一度来店してくださったお客様は、まさに「ターゲット」そのものですから、「維持」のフェーズでの効果は抜群にあります。

ここで注意してほしいのが、メッセージが無い無言の友達リクエストは嫌がられることが多いということです。**必ずメッセージ付きでリクエストを送る**ようにしてください。

後者の「リクエストの送信は現実世界の人脈だけに限らない」については、次節で私自身の例を交えながら解説します。

30

友達は「現実世界の知り合い」に限らない

個人アカウントの友達を増やす際に意識することとして、前節で挙げた**「リクエストの送信は現実世界の知り合いに限らない」**についてお伝えします。ただし、前述したように「実生活の知り合いのみにリクエストを送る」のがFacebookの原則であることからもわかるように、これは私の個人的な意見ですので、共感できない方はスルーしていただければと思います。本節では、なぜ私が「リクエストの送信は現実世界の知り合いに限らない」という考えに至ったのかをお伝えします。

私が実際に経験した話なのですが、ある本を読んで感銘を受け、著者の方とつながりを持ちたいと思い、Facebookでその方の名前を検索し、友達リクエストを送信しました。メッセージで本の感想と友達になりたい旨を伝えたところ、リクエストの承認とともに返信もいただきました。そこからFacebook上での交流が始まったのです。ある日、その方から「セミナーに来ませんか?」とメッセージでお誘いをいただきました。感銘を受けた本の著者からお誘いを受けたことが素直に嬉しく、私はそのセミナーに参加し、そこでやっと現実世界でお会いすることができました。その方とは、今ではビジネスパートナーとして様々な事業をご一緒させていただく仲になっています。

このように、**先にFacebookでつながっておくことで、後に現実の人脈に発展し、ビジネスにつながることも十分にありえる**のです。私はこのような自分の経験から、友達リクエストの送信は現実世界の人脈だけに限らず、友達になりたいと思った人には積極的にリクエストを送ってもよいと考えています。**現実世界以上の人脈を作ることができるのも、Facebookの大きなメリット**です。それを活かすべきだと私は思います。

ちなみに、もし知らない人から友達リクエストが来た場合は、送られてきたメッセージの内容や共通の友達を確認して、承認するかどうかを判断すればよいでしょう。

31

Facebookページに「集客」する方法

私が運用をお手伝いしているクライアントのFacebookページの場合、やはりほとんどのクライアントがFacebook広告を使い、ファンを増やしています。それがもっとも確実で即効性があるからです。また、ターゲットを絞って広告を出すことで、無駄な広告費の支出も押さえられます。

Facebookで広告費を支払うことに抵抗を感じられる方がいるかもしれませんが、Facebook営業の場合、**月に1万5千円くらいからのスタート**で、ひとまずＯＫかと思います（当然、予算が割けるなら多い方がよいです）。その費用を出すことも難しいという場合は、個人アカウントを活用し、皆さん自身をブランディングして、時間をかけてFacebook営業を実現していくことになります。

仮に、私がコンサルティングを請け負ったとすると、広告費をどの程度、何に使っているのかを確認して、クライアントの意見も聴きながら、効果が薄いと判断した広告をいったん止め、その分をFacebook広告に回せないか提案をします。それくらい現代におけるFacebook広告は重要なポジションにあるのです。

また、Facebook広告については、ただ単にお金をかければよいというわけではありません。さきほど設定した自分の商品やサービスのターゲット像をもとに、**反応が取れる広告を作り上げていく作業が必要**になります。これについて、詳しくは第7章でお伝えします。

広告運用以外の例では、自分の個人アカウントの友達や、そのFacebookページの投稿に「いいね！」をしてくれたユーザーに、「いいね！」をリクエスト（招待）する方法が挙げられます。この**「いいね！」のリクエストに関しては、現実世界やFacebook上で、ある程度の関係が構築できているユーザーに対して送る**ようにしましょう。

皆さんも個人アカウントの友達から、「○○さんが○○への「いいね！」をリクエストしています。」という通知を受け取った経験があると思います。現実世界でも、Facebook上でも関係の薄い人からこのような通知が届いて、困ったことはありませんか？　しかも、その友達が普段あまり投稿をしないような友達だとなおさらです。普段何をしているのかわからないFacebook上の友達に、突然「自分のページに「いいね！」をしてほしい」と言われても、戸惑うばかりなのは納得できるでしょう。

このように思う人がいるのも事実ですので、関係構築ができていない友達には、なるべく「いいね！」のリクエスト（招待）は送らないように注意しましょう。

その他のファンを増やす方法としては、ポスティングや新聞折り込みで配布しているDMやチラシ、お店や会社のウェブサイトなどに、たとえば**「Facebookを始めました。**

○○のような方に役立つ情報を配信中です！」という文章とともに、そのページのURLや検索ワードを掲載する方法などが挙げられます。

また、これは主に「維持」のフェーズで効果を発揮するものですが、ファンを増やすという意味では、「Facebookページへの「いいね！」で次回100円引きのクーポンをプレゼント」などのサービスをしているお店もあります。これは主に来店していただいたお客様に対するサービスですが、リピーター獲得を目的にした維持のフェーズでは効果的な方法です。私のクライアントのお店では、「いいね！」だけではなく「チェックイン」を使って投稿してくださったお客様に対しては、もう少し割引率を上げているところもあります（チェックインについては後述します）。

本書を手に取ってくださった皆さんは、Facebookページで Facebook 営業を実現していく方が多いと思います。Facebook 広告をメインにしながら、必要に応じて他の方法も取り入れてファンを増やしていきましょう。

32 ファンと友達は「どのくらいの数」が必要か？

これからFacebookを本格的に使っていく方のために、とりあえずの形であっても、明確な目標が無いと運用にも力が入らないと思います。本章の最後に、私の考える**「まず目指すべきファンと友達の数」**を書いておきます。

Facebook営業を実現するためには、前述のように、自分の商品やサービスに興味を持ってくれる、なるべく見込み度が高いユーザーを集めるべきです。そのため、必ずしも数が多ければよいというわけではありませんが、やはり多くのつながりを持っていると、それだけ可能性が広がるのも事実です。まずは次ページの数字を目指して、ファンや友達を増やしていってください。

個人アカウントの「友達」……500人
Facebookページの「いいね！」（地域）……1,000件
Facebookページの「いいね！」（全国）……3,000件

この数は、これまで私自身が、自分のアカウントやクライアントのアカウントを運用して感じた肌感覚で書いています。ただし、これはあくまでFacebook営業の初心者の方に向けた最初に目指すべきひとつの基準であり、**これ以上の数が必要ないという意味ではありません**のでご理解ください。

個人アカウントの友達は500人を超え始めると、記事への「いいね！」数やコメントをしてくれる友達も増え、Facebook運用に対するモチベーションも上がるので、投稿が楽しくなってきます。

Facebookページは「地域」と「全国」で分けていますが、**事業規模が地域密着なの**

か、全国が対象なのかで、最初に目指す数も変わってきます。事業規模が地域密着の場合、当然その地域の規模にもよるのですが、「いいね！」の数（ファン数）が4桁を超えていると、人気のページだと感じるのが通常の感覚です。

事業規模が全国の場合、まずは3,000件を目指してください。**見込み客は、そのページの人気度はもちろん、そのページを運用する企業やお店の信用度を、Facebookページへの「いいね！」の数（ファン数）で判断します。**事業規模が大きければ、その分Facebookページの信用度も重要になってくるので、最低でも3,000件は欲しいところです。

ちなみに、個人アカウントの友達の数には、**「5,000人」**という上限が設けられています。知識として知っておいてください。

さて、ここまでFacebook営業に入る前の準備段階から、Facebook営業の入口である「集客」までお伝えしてきました。次章からは、Facebook営業の「教育」「販売」「維持」のすべてに関わり、本書のメインでもある「投稿」についてお伝えしていきます。

CHAPTER 04

Facebook営業の「効果的な投稿術」を知る

33

投稿しても「リーチ」が少なければ意味がない

本章では、Facebook営業の「教育」「販売」「維持」のすべてに関わる**「投稿」**についてお伝えしていきます。投稿について考える前に、まずは「リーチ」の重要性を理解しておく必要があります。復習になりますが、**リーチとは、自分の投稿が「ファン」や「友達」のニュースフィードに届いた数のこと**を言います。ファンがいくら多くても、リーチの数が少なければ意味がありません。たとえば、ファンが１，０００人いるFacebookページでも、その投稿のリーチが１００しかなければ、９００人には届いておらず、１００人のユーザーにしか届いていないということになります。投稿の効果を最大限に発揮するためには、「リーチ」の数を上げていくことが重要なのです。

■エンゲージメント率の計算式（%）

$$\frac{\text{投稿に「いいね！」・コメント・シェアまたはクリックした人数}}{\text{投稿のリーチ数}} \times 100$$

また、「リーチ」と関連して重要になってくるのが、「エンゲージメント率」です。**「エンゲージメント率」は、リーチ数の何%がその投稿に反応したかを表す値です。**エンゲージメント率の計算式は、上の図をご覧ください。

これにより、リーチ数の何%がその投稿に興味を持ってアクションを起こしたかがわかります。

この章では、リーチとエンゲージメント率を上げる（投稿を見てもらい、反応してもらう）ための重要なテクニックをお伝えしていきます。

34 投稿で意識するべき「3つのポイント」

本章の全体像を把握していただく意味も込めて、リーチやエンゲージメント率を増やすには何を意識しておけばよいのか、まずはざっとご確認ください。次に挙げる事項は、後ほど詳しく解説していきますので、ここでは確認程度でOKです。

まず挙げられるのは、**「投稿のタイミング」**です。どれだけターゲットに響く文章が書けたとしても、投稿を見てもらえないことには話が始まりません。自分の投稿を見てもらうには、**見てもらうことができるタイミングで投稿する必要があります**。ファンも友達も「人」なのです。その人の行動パターンを意識して投稿するだけで、リーチ、エンゲージメント率ともによい影響を及ぼします。

次に、**「ニュースフィードの仕組み」**です。ここでは主に「エッジランク」の話が中心になります。**「エッジランク」とは、ニュースフィード上の投稿の表示順位を決めるFacebook独自の基準**のことです。リーチやエンゲージメント率を伸ばすには、このエッジランクを含む「ニュースフィードの仕組み」を理解し、これを意識しながら投稿する必要があります。

そして最後に、**「投稿する内容」**です。これがもっとも重要なポイントになります。第1章からお伝えしているように、**原則として宣伝色は抑える**必要がありますが、仕事関係の投稿をしてはいけないというわけではありません。**「宣伝をする」のと「仕事の話をする」のは別のこと**です。その辺りのことも、本章で詳しくお伝えしていきます。

早速、次節からそれぞれの解説に入っていきます。

35

ベストな投稿タイミングは「21時〜22時」

リーチやエンゲージメント率を伸ばすための方法として、最初に意識しなければいけないのは、**「投稿のタイミング」**です。どれだけ価値のある投稿をしても、**タイミングがずれているせいでリーチが伸びない**ということは多々あります。なるべく多くのファンや友達に届くように、適切なタイミングで投稿していきましょう。

まずは、**「適切な投稿時間」**について考えてみます。たとえば、夜中の3時に投稿をするのは適切と言えるでしょうか？　投稿すること自体は人に迷惑をかける行為ではないのですが、夜中の3時は、普通の人であれば寝ている時間です。ということは、その時間に投稿しても少ない人数にしかリーチしませんので、不適切と言えます。

要するに、**適切な投稿時間とは、「Facebookに人が多く集まる時間」**ということです。自分都合で投稿せず、ファンや友達がどのタイミングなら見てくれるのかを考えて投稿をする必要があるのです。では、Facebookに人が多く集まる時間とは、いつでしょうか？　その答えは、次のようになります。

- **通勤時間**
- **ランチタイム**
- **帰宅時間**
- **夕食後〜就寝前**

通勤や帰宅時、電車を待っている間にスマートフォンでSNSにアクセスする、就寝前に布団に入ってSNSをチェックしてから寝るという方は多いと思います。これを時間に直すと、だいたい次のような時間帯になります。

■ファンがオンラインの時間帯

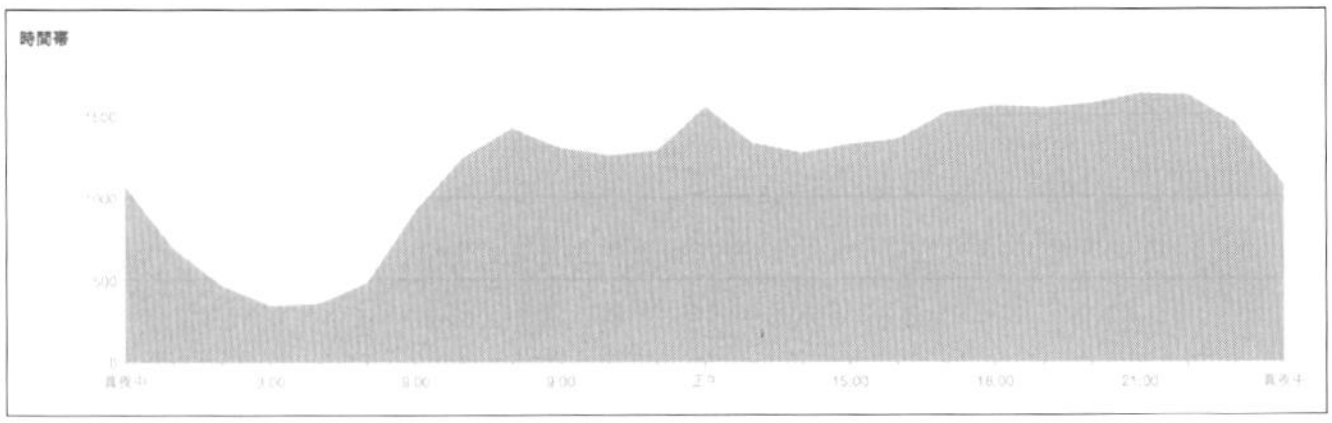

・7時～8時
・11時～12時
・17時～18時
・21時～22時

この中でも、**特に21時～22時がもっとも投稿に適した時間帯**であると言えます。私が運用している Facebook ページでも、「インサイト」から確認できる**「ファンがオンラインの時間帯」**というデータの中で、この時間帯がもっとも Facebook にアクセスしているユーザーが多いという結果が出ています（このデータは、Facebook ページによって若干異なりますので、ご自身の Facebook ページの「インサイト」からご確認ください）。

しかし、皆さんも毎日お忙しいと思います。投稿の度に毎回、上記の時間帯にFacebookを開くのは無理があります。そんなときは、**「投稿予約機能」**を使ってください。これは、日時をあらかじめ指定しておくことで、その日時に自動で投稿してくれる機能です。本書執筆時現在、Facebookページの投稿でしか使えない（個人アカウントの投稿では使えない）機能ですが、相当便利な機能ですので、ぜひ積極的に活用してみてください。

一人でも多くのユーザーに見てもらえるように、適切な時間を狙って投稿の効果を最大限発揮させていきましょう。

36

混雑しがちな「週末」は避ける

投稿のタイミングについて、次は適切な **「投稿曜日」** を把握しておきましょう。多くの人は、何かイベントごとがあるときに投稿しようと思います。そのイベントごとは、土曜日や日曜日、金曜日の夜など、**「週末」** が圧倒的に多いです。ということは、**「金曜日の夜」「土曜日」「日曜日」は、他の曜日に比べると投稿する人が増えるので、ニュースフィード上が混雑する**のです。単純にアップされる記事数が多くなるので、自分の投稿が埋もれてしまったり、ファンや友達の目が散る結果、他の曜日に比べると見てもらえる可能性が低くなります。

たとえば、主催イベントへの集客目的の投稿や、自分の中で「渾身の出来だ」と思うような大切な投稿など、「これは特に一人でも多くのユーザーにリーチしてほしい」と思う投稿の場合は、前述の混雑する曜日は避けた方がよいと言えます。

また、「Facebookは通勤時間や休憩中など毎日だいたい決まった時間にチェックする」という方は多いです。いつもと違うスケジュールで動くことが多くなる週末は、その「決まった時間」にFacebookを見ることができないので、**そもそもファンや友達のFacebookへのアクセス自体が平日とは異なる**という点も、週末を避けた方がよい理由として挙げられます。

とはいえ、週末に投稿した方が高い効果が見込める投稿や、スケジュールが詰まっていて、どうしても今投稿しないといけない事情がある場合などは、曜日や時間を考慮せずに投稿することになっても仕方がないと言えます。ただし、本書で推奨するこのタイミングを意識することで、投稿のリーチやエンゲージメント率が格段によくなるのは事実です。できるだけ前述の投稿時間と投稿曜日を意識して投稿をしていただければと思います。

37

「業種や目的」に合わせてタイミングを決める

ここまでお伝えしてきた投稿時間や投稿曜日などの投稿するタイミングについては、一般的な人の行動パターンに基づいて考えているものです。そのため、業種によっては例外的に当てはまらない場合もあります。

たとえば、**「飲食店」**です。前節で「リーチを伸ばしたい投稿は週末を避けた方がよい」とお伝えしましたが、週末など世間が休みの日というのは、飲食店では稼ぎ時です。ということは、「飲食店」が料理の写真などを投稿する場合、**週末も投稿すべき**だと言えます。

そして、飲食店の場合は、すでにお伝えしている21時〜22時という時間帯に料理の写真を載せても、その効果を最大化できているとは言えないでしょう。

やはり、飲食店の料理の写真というのは、空腹時に最大の効果を発揮します。時間に直すと、**ランチ狙いであれば11時〜12時頃、ディナー狙いであれば17時〜18時頃**がもっとも効果的です。

投稿を見た直後に来店していただけるのが理想的ですが、たとえその直後に販売につながらなくても、空腹時に見た写真のインパクトが強ければ、時間が経過した後でもファンや友達の記憶に残っている可能性が高いので、後の販売につながっていく可能性もあります。

このように、業種や目的によっても投稿するタイミングは変わってきます。今回は飲食店を例に挙げましたが、ご自身の商品やサービスのターゲットに合った適切な投稿タイミングを考えてみてください。

38

投稿回数は「1日1回」まで

続いて、**「適切な投稿回数」**についてお伝えします。人は接触回数が多いと、その人との距離が縮まったように感じ、親近感を持ちます。これを心理学用語で**「ザイオン効果」**と呼びます。たとえば、Facebookでつながっている友達と数年ぶりに会ったときに、「久しぶりに会った気がしないね」と言われた経験はないでしょうか？　近年では、FacebookなどのSNSで日々交流をしている影響から、毎日のように顔を合わせている感覚になり、ザイオン効果による親近感が生まれている可能性が高いのです。このように、定期的な投稿によってファンや友達との距離が縮まり、親近感を持ってもらうことで、仕事の依頼などにつながる可能性も高まってきます。

では、「定期的な投稿」というのはどのくらいのペースなのでしょうか。ズバリ、**多くても1日1回、少なくても3日に1回**という回数が適切と言えます。

ザイオン効果による親近感を持ってもらうことを目的にした場合、月1回や週1回の投稿では少ないということはおわかりいただけると思います。とはいえ、1日2回以上の投稿を毎日続けてしまうと、「ニュースフィード上がこのページの投稿ばかりだ」と、自分の投稿をうっとうしく思い、フォローを解除するファンや友達が出てくる可能性もあります。そうなってしまうと元も子もありません。

また、後述する「エッジランク」というニュースフィード上の基準により、24時間以上経過した投稿は、再びニュースフィードの上位に浮上することが難しくなってきます。そのため、おおよそ24時間おきに投稿することは、上位表示の効率という面からも有効なのです。このような理由から、私は、多くても1日1回、少なくても3日に1回の投稿を推奨しています。

39 「行動の最大化」でチャンスを広げる

私のセミナーに参加していただいた受講者の方から、質疑応答時などに「投稿を継続するコツは何ですか?」とよく聞かれます。私は、**「自分の行動を最大化するという考えで日々投稿をしている」**と答えます。現実世界での行動や身の回りで起きた出来事などを、自分の中だけに止めておくのはもったいないという感覚です。

例を挙げると、「博多に出張に来た」という内容の投稿をするとします。たとえば、その前日に大阪で一緒に仕事をしていたパートナーが、この私の投稿を見た場合、「昨日の夜まで一緒に大阪にいたのに、もう博多に行っているんだ。フットワークの軽さを見習って自分も頑張らないと。」というように、**自分の投稿が誰かのよい刺激になるかもしれ**

ません。それが、今後の人間関係によい影響を及ぼす場合もあります。

また、これは実際にあった話なのですが、「博多に来ている」という投稿をした際、「私も今博多にいます。以前から機会があればお会いしたいと思っていたのですが、ご都合がよければどこかでお茶でもしませんか？」というコメントが入り、その後に実際にお会いし、後に仕事につながったケースもあります。このように、**「この投稿から新しい何かにつながるかもしれない」**という思いで投稿をすることもあります。

このように、自分の行動をFacebookで広く拡散し、多くの人に知ってもらうことによって、さまざまなきっかけ、チャンスが生まれてくることを期待できます。これを私は**「行動の最大化」**と呼んでいます。Facebookを通して「行動の最大化」を図ることで、投稿の最大の効果を得ることができるようになるのです。

40

「親密度×重み×経過時間」を意識する

ここからは**「ニュースフィードの仕組み」**についてお伝えしていきます。皆さんのニュースフィードには、ファンや友達になったアカウントの投稿がすべて表示されているわけではありません。Facebookページの運用者目線で言うと、**「すべてのファンに自分のページの投稿が届いているわけではない」**のです。このニュースフィードに表示するかどうか、また、どういう順番で表示するのか、その主な基準になるのが、**「エッジランク」**です。

Facebookのエッジランクは、**「親密度」「重み」「経過時間」**で構成されます。自分の投稿をより多くのユーザーに届けるためには、それぞれの値を高く保つ作業が必要なのです。Facebook営業を実践していくにあたって、最低限理解しておく必要のある仕組みですので、ひとつずつ解説していきたいと思います。

①親密度

まずは、「親密度」です。その名の通り、**ファンや友達とFacebook上でどれだけ親密に交流できているかを示す値**です。この親密度を上げるためには、簡単に言うと、Facebook側に「私はこのアカウントに興味がある」と知らせる行動をFacebook上で行えばよいのです。たとえば個人アカウントの場合は、友達の投稿に対して、「いいね！」や「コメント」や「シェア」をすることとです。その他、メッセージのやり取りの回数やタグ付けの回数、相手のタイムラインに行った回数やその滞在時間、その投稿をクリックしたかどうかなど、さまざまなFacebook上の行動がカウントされます（カウントと言っても数値で見えるわけではありません）。

Facebookページの場合は、個人アカウントのように自分から動くことは原則できないので、ファンから「いいね！」などの反応が得やすい投稿をするように心掛けてください。そして、コメントにはきちんと返信をしましょう。これもファンとの親密度アップに効果的です。また、後述する「チェックイン」も、ファンとの親密度に影響します。

②重み

次は、「重み」です。親密度は、個人アカウントどうしや、Facebookページと個人アカウントとの話でしたが、**重みはひとつひとつの投稿ごとに決まる値です**。Facebookのニュースフィード上では、投稿は必ず一列で表示されます。ということは、Facebookのニュースフィードにアクセスした時点で、「これが1位表示、これは2位表示……」と明確に順位が決まるということです。

わかりやすくするために、いったん前述の親密度など他の基準を考慮しないでお伝えすると、たとえば、「いいね！」が50の投稿より、「いいね！」が１００の投稿の方が上位に表示されます。その主な理由としては、反応が多い投稿は多くの人にとって有益なものだとFacebookは判断するので、なるべく多くの人に見てもらおうと優先度を上げるからです。また、「いいね！」よりも「コメント」、「コメント」よりも「シェア」の方がアクションのハードルが高いのでポイントが高く**（いいね！＜コメント＜シェア）**、たとえば、「いいね！」が１００の投稿と「コメント」が１００の投稿とでは、同じ数でも「コメント」が１００の投稿の方が上位に表示されるということです。

このように、**反応の数で「重要度が高い」とFacebookが判断した投稿を優先するというのが、「重み」**です。ちなみに、反応の数だけでなく、投稿の種類によっても重みが変わると言われており、**文章のみの投稿よりも画像や動画付きの方が「重みが高い」と判断される**と言われています。

実際にはこの重みに加えて、前述の親密度や後述する経過時間も大きく影響してくるので、**単に反応の数や投稿の種類だけで表示順位が決まっているわけではない**ことをご理解ください。

③経過時間

最後に、「経過時間」です。これは、**時間的に新しい投稿の方が優先され、時間が経過するに伴って表示順位が下がる**ということです。一週間前の投稿よりも今さっき投稿したものの方が上位に表示されるのは、**「投稿がポストされてからの経過時間」**が短い（新しい）状態だからです。

もうひとつ、経過時間には**「リアクションが付いてからの経過時間」**があります。たとえば、一か月前の投稿に対して、今日「いいね！」や「コメント」が付くと、上位表示される可能性が高まるということです。皆さんも、「○○さんが○○さんの投稿にコメントしました」などという形で、古い投稿が再度ニュースフィードに浮上してきているのを見たことがあると思います。これは、「リアクションが付いてからの経過時間」によって、投稿の優先度が上がっているのです。

Facebook 営業では、このエッジランクを意識して投稿や交流を行う必要があります。

できるだけ多くのファンや友達に、自分の投稿をリーチさせるには、ファンから反応を得やすい投稿（重み）を定期的（経過時間）に行い、コメントが入ったら必ず返信する（親密度）など、**エッジランクを意識した運用が必要不可欠**です。

「エッジランク」について、ご理解いただけましたでしょうか？　ニュースフィードの仕組みは複雑で、頻繁にアルゴリズムの変更も実施されています。ニュースフィードの仕組みを完璧に理解するのは簡単ではありませんが、Facebook 営業を実現していくためには、ニュースフィードとうまく付き合っていかなければなりません。

まずは、なによりファンや友達を知ることが大切です。ファンや友達が否定的な意見を示す投稿は避けて、反応が得られる形で投稿を行い、エッジランクを高く保つ工夫をしていきましょう。

41

「交流」すればするほどリーチが伸びる

Facebook営業を実現するには、当然より多くのユーザーに自分の発信した情報を届ける必要があります。前述のように、「投稿タイミング」に気を付けたり、「エッジランク」を高く保つように意識をすれば、自然とリーチ数は伸びていきます。さらに、「エッジランク」を高く保つための施策として意識していただきたいのが、**「交流」**です。

個人アカウントの場合、「いいね！」や「コメント」など、こちらから積極的にアクションを起こしていくべきだと言えます。投稿も「いいね！」もしない「ただ見ているだけ」という状態の人は、**Facebook上での存在を友達から忘れられている可能性が高い**です。

そうなってしまうとFacebook営業どころの話ではありません。まずはその状態から抜け出すために、Facebook上で積極的にアクションを起こしていきましょう。「いいね！」を積極的にしていると、「いつもこの人は「いいね！」をしてくれているから」と、「いいね！」を返してくれるユーザーは多いです。「コメント」についても同様です。いつも**「いいね！」や「コメント」をたくさんもらっているユーザーは、ほぼ例外なく、自分から「いいね！」や「コメント」をしている人なのです**（著名人は例外）。

Facebookページの場合、**ファンからの反応が得やすい投稿を心掛け、自分のページの投稿に付いたコメントには必ず返信する**ようにしてください。

ただし、Facebookページの場合、ファンの数があまりにも増えてくると、コメントの数も膨大になり、とても全員には返せない場合があります。そのような場合は、コメントに対して「いいね！」だけでも必ずしてあげましょう。コメントする側は、せっかく勇気を出してコメントしてくれているので、無視は絶対にしないようにしてください。

42

コメントは「投稿の数時間後」に返す

ここで、コメントに返信するときの注意点ですが、文章量が多い場合、文字が詰まってしまうと読みづらいので、**適切な箇所で改行する**ようにしましょう。パソコンで返信する場合は、**「Shift ＋ Enter」**で改行ができます。

また、誰に返信をしたかが明確にわかるように、**「@」でアカウントを指定**してからコメントを返します。「@」の後に文字を打つとFacebook側が候補を挙げてきますので、そのアカウントを選択して、その後に普段通りに文字を打ってください。もしくは、各コメントに付いている**「返信ボタン」**を使うのもよいと思います。このように相手を指定してコメントを返信することで、Facebook側に「私はこの人にコメントを返しました」

ということが伝わるので、エッジランクの親密度がアップし、コメント数が増えることで重みや経過時間にもよい影響があります。

コメントを返すタイミングについては、**「投稿をしてから数時間後の適切な投稿時間」**がベストです。ある程度時間が経過して、投稿の優先度が下がってきたタイミングでコメントを返すことで、「リアクションが付いてからの経過時間」が短縮され、ニュースフィードに再浮上する可能性が高くなります。それが114ページでお伝えした適切な投稿時間に当てはまっていればベストです。

Facebookも現実世界の人付き合いと同じように考えましょう。声を掛けられると嬉しいし、無視されると寂しいのです。基本コミュニケーションが文字の世界なので、現実世界よりも気を使わないといけない部分が多いかもしれないですが、このSNSを使った現代の交流を楽しむことができると、Facebookから成果が出る日も近いはずです。

43

「タグ付け」と「チェックイン」を活用する

Facebookには、「タグ付け」と「チェックイン」という機能があります。Facebook営業では、この2つの機能を有効に活用していく必要があります。

「タグ付け」は、個人アカウントの投稿時に使う機能です。自分の投稿に、他の個人アカウント（友達）を追加することで、タグ付けされた友達のタイムラインにも同じ投稿が表示されます。公開設定の投稿の場合、**タグ付けされた友達の友達にまで拡散する**ので、自分とはつながりのないユーザーにまで自分の投稿を届けることができるのです。

■「タグ付け」見本

また、もう一つの重要な効果として、**タグ付けをした友達との親密度が上昇**する効果があります。タグ付けは、Facebook側に「私とこの友達は現在一緒にいます」と知らせる行為なので、親密度の上昇するポイントが高いのです。2人以上が関わる内容の投稿をするときなど、タグ付けができる投稿の場合は、できるだけ活用した方がよい機能だと言えます。

ただし、「タグ付けをしてもいいですか？」という確認は、必ず本人に取るようにしてください。勝手に自分をタグ付けされるのは、あまりよい気分はしないのが通常の感覚です。たとえば、「今この時間にここにいることを知られたくない」という方もいるかもしれません。これは**Facebookのマナー**として、必ず知っておくようにしてください。

一方、**「チェックイン」**は、投稿に人ではなく、場所を追

■「チェックイン」見本

近況をアップデート
写真・動画を追加
写真アルバムを作成
今どんな気持ち？
チェックイン
チェックイン
公開
投稿する

加する機能です。たとえば、「今このお店にいます」という形で、そのお店のFacebookページへのリンクを投稿に追加することができるのです。飲食店や美容院など実店舗がある業種の場合、この機能をお客様に使っていただくことで、**そのお客様の友達にまで自分のお店のFacebookページが拡散する**ことになります。その結果、直接的な集客につながる可能性も高まるのです。

ただし、チェックイン機能は、こちらから操作できるわけではなく、お客様に自発的に行っていただく必要があるので、チェックインをしてもらうための何らかの工夫が必要です。

私のクライアントの場合を例に出すと、「チェックイン投稿をしてくださったお客様には特典をお付けします」という旨の店頭ポップを作成して店内で告知をしたり、撮影スポット（たとえば顔出しパネルなど）を作ったりして、**お客様に自発的**

にチェックイン投稿をしていただく環境作りを行っています。

ちなみに、前者の例の「特典」ですが、これは「次回来店時に使えるクーポン」がおすすめです。その理由は単純なもので、リピート率が高まるからです。

2回目以降のリピートのお客様の場合、Facebook営業として投稿を続け、関係の維持をFacebook上で行うことはもちろん、現実世界での対応も重要になってきます。たとえば、お客様は自分の名前を覚えてくれているだけでも嬉しいものです。2回目以降の接客時に、そのような細かいところにも気を配るなど、現実世界での対応とFacebookの活用をうまく組み合わせて顧客の維持を図ってください。

Facebookの特徴は、まだニーズが顕在化していないユーザーの潜在的な部分にすり込む形でアプローチできる点にあります。しかも、その情報の伝達が「友達」を介して行われる点がポイントです。前述のようなチェックイン投稿が積み重なることで、**Facebook上の投稿が、現実世界の口コミへと発展していく**のです。具体的には、「この間、Facebookでアップしていたお店、よい雰囲気だったけど紹介してくれない?」といった会話がお客様とその友達の間で生まれてくることが期待できます。このように現実世界とうまくリンクできたとき、Facebook は最大の効果を発揮するのです。

なお、ユーザーにチェックイン機能を使ってもらうには、Facebook ページの住所設定が必要です。「基本データ→ページ情報→住所」と進み、次ページのような画面を開いてください。住所を設定し、地図の正確な位置にピンを置いたら、地図の下のチェック欄にチェックを入れておきましょう。2016年1月現在の仕様では、これでチェックイン機能が使えます。

■タグ付け投稿例

■チェックイン投稿例

■タグ付け＆チェックイン投稿例

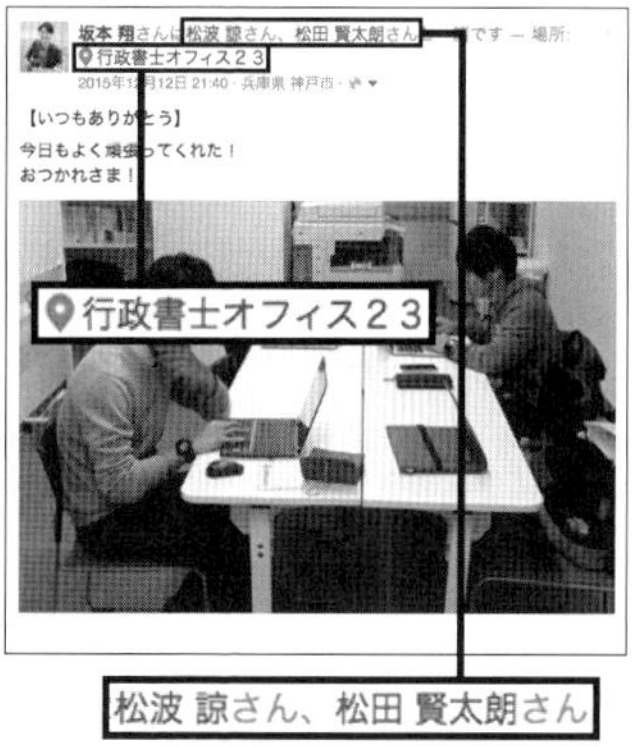

■Facebookページ住所設定画面

CHAPTER 04 Facebook営業の「効果的な投稿術」を知る

投稿

44

「自分勝手な投稿」は無意味と思え

それではいよいよ、本節から具体的な投稿内容にフォーカスして話を進めていきます。

まずは投稿の前に、しっかり腹落ちさせていただきたいのが、**「Facebookは自分都合で使う宣伝ツールではない」**ということです。

普段何も投稿しないのに、自分が何かを宣伝したいときにだけFacebookに投稿する方は意外と多いです。そもそもFacebookユーザーの目的は、交流や情報収集であって、ものを買うことではありません。そのため、「都合のよい宣伝ツール」としてFacebookを使っても、商品やサービスの販売にはつながらないのです。販売につながらないどころか、それを不快に思うファンや友達も出てくるでしょう。

せっかくFacebook広告を使ってファンを増やしても、宣伝ばかりするせいで自分の投稿を不快に感じられ、フォローを解除されてしまっては、広告費も無駄になるばかりです。そうならないためには、情報を受け取るファンや友達の立場になって、自分の投稿についで考えてみてください。そうすることで、どうすれば販売につながるのかという答えがいくつも見えてくるはずです。

ファンや友達の気持ちになって考えてみると、近況報告や友達とのやり取りを楽しみにFacebookを開いているのに、いきなり宣伝投稿が流れてきたのでは、よい思いはしないことは容易に想像がつきます。では、どのように投稿するのが望ましいのでしょうか？それを次節から解説していきます。

45

宣伝投稿までの「プロセス」を見せる

都合よく宣伝のある時にだけ投稿するというFacebookの活用法は、効果がないばかりではなく、敬遠され「ファン」や「友達」の解消にもつながりかねないリスクを伴います。ではどのように投稿すれば、ファンや友達に嫌われることなく、営業効果を上げることができるのでしょうか?

結論からお伝えすると、**「プロセスを見せる」**というのがその答えです。たとえば、宣伝したい商品やサービスがあった場合、いきなり「新製品販売開始です!」などと投稿しても大きな効果は見込めません。発売の前から、企画会議の様子、製作過程、発売までのカウントダウンなどを少しずつ投稿していきます。宣伝色を抑えて企画から発売までのプロセスを公開することで、ファンや友達に自社商品の存在を伝え、興味をもってもらい、必要性や効果をすり込んでいくイメージです。**何の前触れもなく急に宣伝するのではなく、その宣伝投稿に至るまでの「プロセスを見せる」**というスタンスは、Facebook営業の「教育」を実践するうえで非常に重要になります。

Facebookは、商品やサービスを自分都合で宣伝するためのものではなく、宣伝色を抑えた文章構成で、宣伝したい内容を相手の潜在意識にすり込み、その商品やサービスのニーズが顕在化したタイミングに思い出してもらうことによって販売につなげていくものです。そもそも、見込み客のニーズが発生するのを待つ必要がある業種がほとんどです。**そのニーズを無理に発生させようとする（商品やサービスを売り込む）から、ファンや友達は不快感や不信感を抱き、販売から遠ざかっていくのです。**それを回避するには、長期的なスパンでFacebook営業を捉え、投稿の中で「プロセス」を見せていく必要があることを覚えておいてください。

46

おさえておきたい「4種類の投稿」はこれだ

都合のよい宣伝ツールとして使ってはいけないという、Facebook投稿の基本原則を理解していただいたところで、「Facebook投稿の種類」という話に入っていきます。

Facebook投稿には、大きく分けて4つの種類があります。

①直接的な宣伝投稿

②間接的な宣伝投稿

③情報提供型投稿

④日常投稿

これら4種類の投稿を巧みに組み合わせて使うことで、Facebook営業の目的である「販売」「維持」へと見込み客を導いていくことができます。ここから、これら4種類の投稿について、ひとつずつ解説していきます。具体的な投稿例については、次章でお見せしますので、ここでは投稿の種類の概要を把握してください。

①直接的な宣伝投稿

まずは、宣伝投稿のひとつである「直接的な宣伝投稿」です。たとえば、新商品や新サービスのリリース時にその申し込みサイトへ誘導するような投稿や、イベントの詳細（日時、場所、参加費、申し込み方法など）を記載した投稿など、**宣伝色が明確に出ている形の投稿が「直接的な宣伝投稿」**です。この形の投稿は、「宣伝色は抑える」という原則からは外れる投稿にはなりますが、最終的にはこの直接的な宣伝投稿で、正確な情報を伝える必要があります。前節でご紹介したようなプロセスを見せた後に、**「販売」へ導く最終段階で必要な投稿**だと言えます。

ちなみに、直接的な宣伝投稿では、主にフロントエンド商品について投稿することになります（151ページ図参照）。バックエンド商品については、次の間接的な宣伝投稿で見せておく程度でOKです。第2章のプロフィール文作成の際にもお伝えしたように、**Facebookでは、まずはフロントエンド商品を販売するのが原則**となることを覚えておいてください（バックエンド商品はフロントエンド商品購入者に販売するのが原則です）。

②間接的な宣伝投稿

目的は「宣伝」ですが、宣伝色をできる限り抑えた投稿が「間接的な宣伝投稿」です。ほとんどの業種で、**Facebook営業の中心となる投稿**です。たとえば、飲食店の投稿で、「今朝、北海道からジャガイモが届きました！　今日は、いつもより美味しい料理をお客様に提供できると思うと楽しみです！」という文章に、届いたジャガイモの写真を載せるというような投稿は、「間接的な宣伝投稿」と言えます。また、美容院の場合に、「今日も新規のお客様にご来店いただきました！　満足げな笑顔が印象的で、帰り際に「また来ます」と声を掛けてくださいました。こういう瞬間にこの仕事のやり甲斐を感じます！」というような投稿も同様です。このような投稿を読んでも、宣伝色を感じないと思います。あくまで、ジャガイモが届いたという**日常**や、お客様とのやりとりの中で感じた**投稿者の気持ちにフォーカスして文章を作成**していますが、見方を変えると2例とも、**目的は「お店への来店誘導」**になっています。このような形の投稿のことを、「間接的な宣伝投稿」と言います。

③情報提供型投稿

続いて、「情報提供型投稿」です。これは文字通りそのままの意味で、**自分のファンや友達に役立つ情報を提供する種類の投稿**です。たとえば法律の問題などは、日々その仕事をしている士業の業界では当たり前のことですが、一般にまで浸透していないことはたくさんあります。そこで、日常生活に関わる法律の解説をするような形の投稿は、情報提供型投稿として適切かつ効果的なものです。また、情報提供の記事を執筆したブログやコラムへのリンクをシェアするような投稿も、この情報提供型投稿に含まれます。一般ユーザーがFacebookを利用する目的のひとつに、**「情報収集」**があります。特にFacebookページの場合は、新規「いいね！」を獲得し続けるために、また、フォローを解除されないためにも、情報提供型投稿には力を入れるべきだと言えます。

④日常投稿

最後の**「日常投稿」は、宣伝を目的としない日々の出来事や自分の考えの共有など、自己開示を目的とした投稿**になります。ファンや友達に自分との共通点を見つけてもらったり、親近感を感じてもらうために必要となるものです。

エッジランク的に考えると、この日常投稿は、**４種類のFacebook投稿の中でももっとも反応を得やすい形の投稿**になります。ファンや友達との親密度を維持するためにも、Facebook営業に欠かせない重要な投稿なのです。たとえば、一人でも多くリーチしてほしい宣伝投稿をする前に、あえて日常投稿を行い、親密度を高く保っておくという**「宣伝投稿の事前準備」**という意味合いでも、日常投稿を活用できます。

■Facebook営業の全体図（完成形）

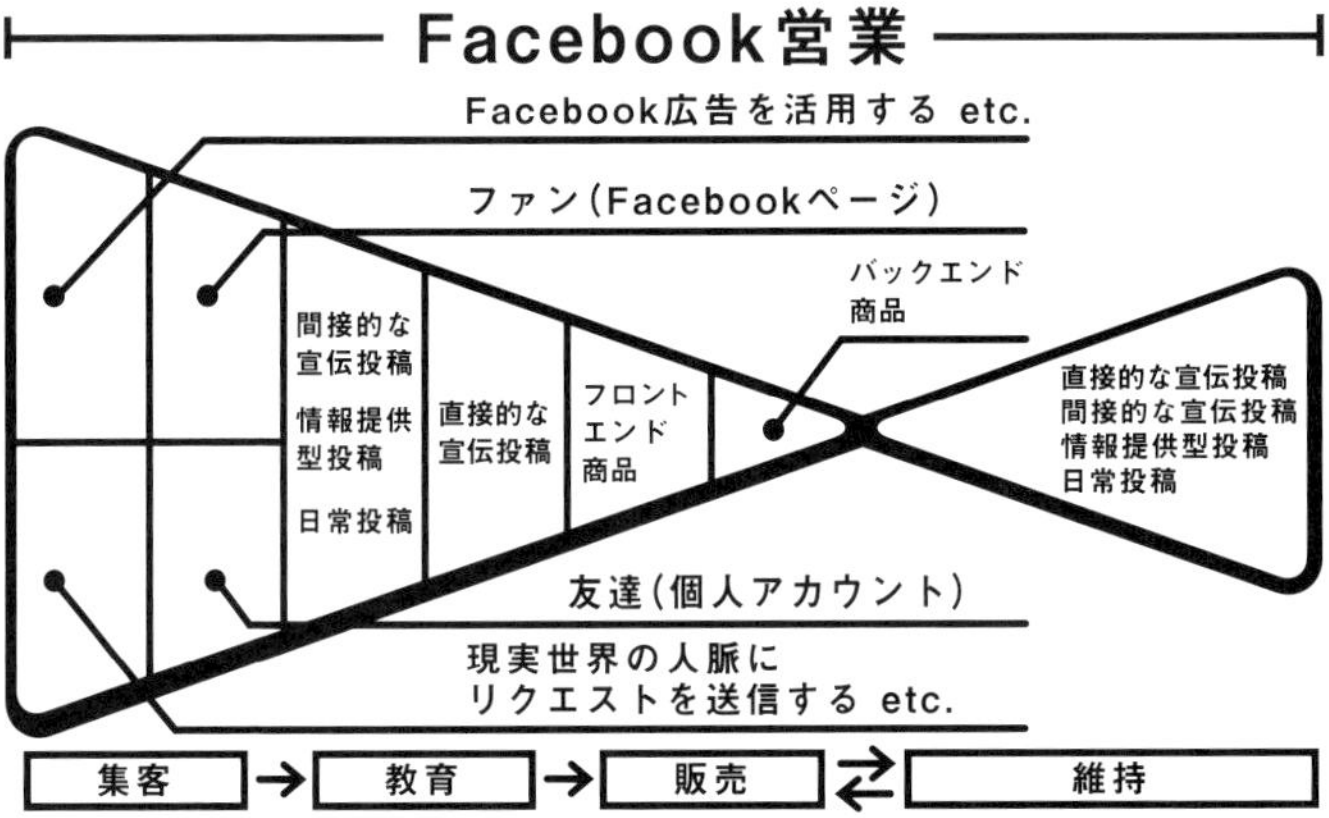
Facebook営業
Facebook広告を活用する etc.
ファン（Facebookページ）
間接的な宣伝投稿
情報提供型投稿
日常投稿
直接的な宣伝投稿
フロントエンド商品
バックエンド商品
直接的な宣伝投稿
間接的な宣伝投稿
情報提供型投稿
日常投稿
友達（個人アカウント）
現実世界の人脈にリクエストを送信する etc.
集客
教育
販売
維持

ここまで4種類の投稿をざっとご紹介しましたが、投稿の文章を作る際、**「自分が今作っている投稿はどの種類の投稿に当たるのか」**、また、**「この投稿は何が目的で、どんなことを期待して投稿するのか」**といったことを考えながら文章を作ってください。

投稿の目的を把握できているかできていないかで、文章上の表現にも大きく影響してきます。すでにお伝えしたように、1日の投稿回数は多くても1回までが適切です。何にもつながらない無駄な投稿が生まれないよう、投稿の目的を常に考えるクセを付けておきましょう。

47 投稿の割合は「1：4：3：2」と考える

前節でご紹介した「直接的な宣伝投稿」「間接的な宣伝投稿」「情報提供型投稿」「日常投稿」。これらの投稿は、どれくらいの割合で行うのが適切なのでしょうか。職種などによって多少の前後はありますが、原則的な割合をお伝えすると、次のようになります。

●Facebookページの場合

「直接的な宣伝投稿」：「間接的な宣伝投稿」：「情報提供型投稿」：「日常投稿」

＝1：4：3：2

●個人アカウントの場合
「直接的な宣伝投稿」：「間接的な宣伝投稿」：「情報提供型投稿」：「日常投稿」
＝1：4：2：3

個人アカウントとFacebookページの大きな違いは、**個人アカウントの方がFacebookページに比べて「日常投稿」が多く**、反対に、**Facebookページは個人アカウントに比べて「情報提供型投稿」が多い**ところです。

Facebookページでは、運営主体が「人」ではないことが多いため、日常投稿が少し作りづらいという特徴があります。反対に個人アカウントは、その日常投稿が得意です。そのため、日常投稿はこのような割合になるのです。

情報提供型投稿の場合、たとえば、美容院の経営者の方が髪についての豆知識を投稿したとします。個人アカウントでは、その投稿に興味がない友達も出てくると思いますが、反対にFacebookページでは、集客のフェーズでターゲットを絞り、髪に関心のあるファンを集めているはずです。そのため、Facebookページの方が情報提供型投稿に向いていると言えます。

また、宣伝系の投稿が半分もあることを意外に感じた方もおられると思います。**Facebookでは「宣伝色を抑えるのが原則」ですが、仕事の話をしてはいけないわけではありません**。ビジネス色が皆無の状態にしてしまうと、ただのプライベートツールと化してしまい、何の商品やサービスを扱っているかも伝わらず、当然販売につなげることはできません。ただし、宣伝系投稿の中でも直接は1割、間接は4割と、圧倒的に間接的な宣伝投稿の方が多くなっています。

なお、この投稿の割合は、あくまで1つの基準として考えてください。士業やコンサル業などでは、情報提供型投稿をもっと増やしてもOKですし、私のクライアントの中には、間接的な宣伝投稿が全体の8割を占めるケースもあります。業種や目指すブランディングによって、投稿の割合も変わってきます。実際に運用しながら、ご自身に合った投稿割合を見つけていただければと思います。

■Facebookページの投稿割合

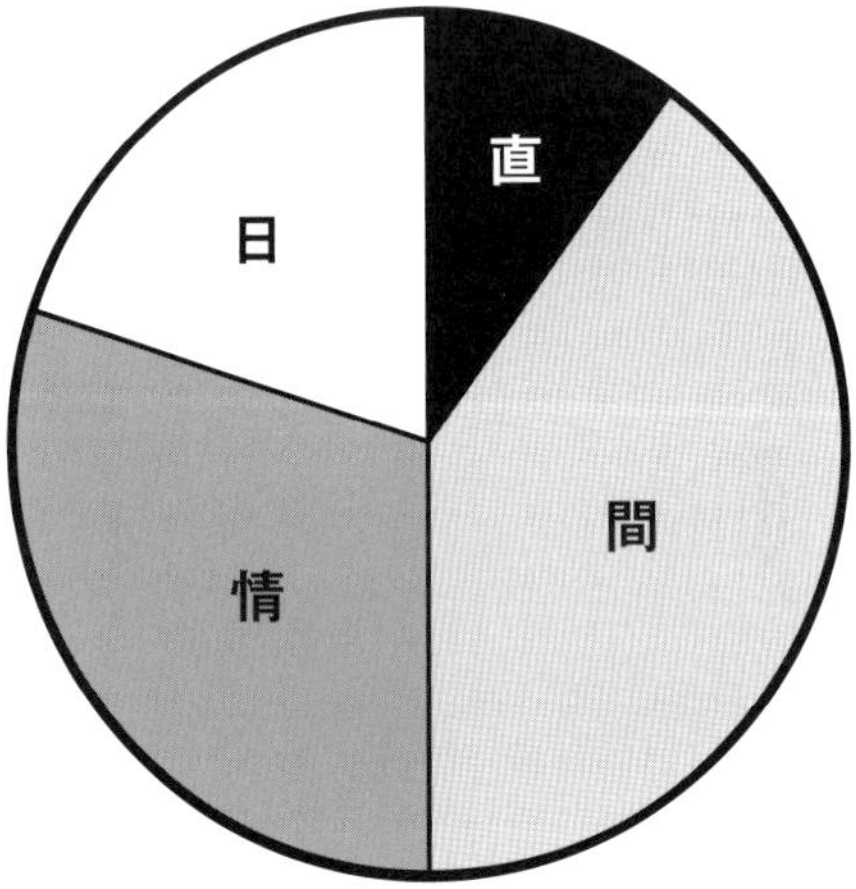

■個人アカウントの投稿割合

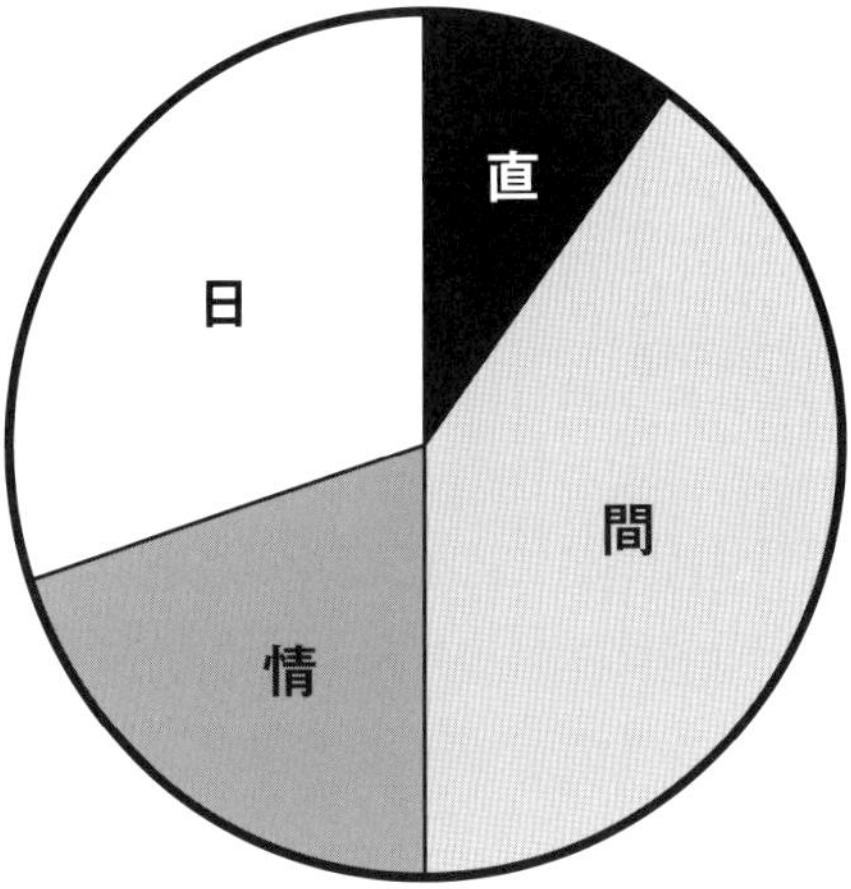

48

「反応が悪い投稿」は続けない

ここからは、投稿する際の注意点や、投稿の書き方についてご紹介します。

まずは、**「反応が悪い投稿は続けない」**ということです。たとえば「直接的な宣伝投稿」は、4種類の中ではもっとも宣伝色が強く、そのため反応を得にくい形の投稿です。このような投稿を連続してしまうと、「いいね！」や「コメント」があまりもらえない状態が続くことになります。

投稿への反応が得られない状態が続くと、ファンや友達との親密度が下がります。親密度が下がると、本来反応を得やすいはずの日常投稿や間接的な宣伝投稿ですら表示されにくくなり、「いいね！」や「コメント」が入りにくくなってきます。その結果、ファンは多いのに記事のリーチや「いいね！」が少ないという残念な状態になってしまうのです。

せっかく集客したファンや友達が無駄にならないように、**投稿の順番にも気を使う**必要があると言えます。

たとえば、直接的な宣伝投稿を行う前日に、あえて、反応が得やすい日常投稿でファンや友達との親密度を上げておくという方法は、私もよく使う方法です。

また、直接的な宣伝投稿以外でも、投稿した結果、反応が悪かった投稿があれば、同じように反応が悪くなりそうな投稿を続けることは極力避け、反応がよいと予想される投稿を行うことで、親密度の維持・回復に努めましょう。

49

「公開」設定で拡散を狙う

Facebookページは、ビジネスで使うことを前提に設計されているので、すべての記事が「公開」設定になります。しかし、個人アカウントは、公開範囲を選べるようになっています。個人アカウントの投稿の公開範囲を「友達」にしている方をよく見かけますが、Facebookから仕事につなげていこうと思うのであれば、やはり**「公開」に設定するべき**です。公開範囲を「友達」に設定していると、リクエストを承認した「友達」までしか自分の投稿が届きません。たとえば、せっかく友達が自分の投稿をシェアしてくれたとしても、自分の友達以外のユーザーに見てもらえる**拡散のチャンスを自分で潰している**ことになるのです。

また、公開設定で文章を書く以上、「誰に見られるかわからない」「大勢の人の前で話している」という気持ちで投稿する必要があるので、緊張感が生まれ、ミスのない節度のある投稿ができます。特に、私のような書類を扱う業種は、誤字や脱字に気を付けなければなりません。この誤字脱字を防ぐ方法として、私が使うツールは**「Microsoft Word」**です。Wordでは、タイプミスやおかしな文章があると下線で知らせてくれるので、一目でわかるようになっています。特に長文を書く場合は、まずWordに打ち込んでから、Facebookの投稿画面に貼り付けるという方法を取るとよいと思います。

SNSにはそれぞれ特性がありますが、その中でも**Facebookは比較的オープンな性質を持ったSNSです。**現実世界よりも広い人脈を作りながら、多くのユーザーと交流を深めることのできるツールなのです。Facebook以外のSNSについては後述しますが、それぞれのSNSの特性を理解して使い分けていくべき時代が来ています。FacebookはFacebookに適したオープンな使い方で活用し、Facebook営業を実現していきましょう。

50 「自分で選んだ」つもりにさせる魔法の投稿

突然ですが、少し考えてみてください。たとえば、ニュースフィードに友達が動画を投稿していました。その動画に付いていた文章が次の２つだった場合、どちらの文章の方が動画のリンクをクリックしたくなるでしょうか？

①「〜〜の動画です！　ぜひ見てください！」

②「この動画、すごく勉強になりました！」

右記の①と②なら、②の方が「動画を見てみよう」と思う方は多いはずです。

人間は、何でも自分で選びたいものです。①の言い方だと、動画を見ることを押し付けられている印象を受けます。②の言い方は、**動画を見た本人の感想を書いているだけなので、見るか見ないかはこちら側の判断**となります。結果、「勉強になると言っているし、見てみようかな」という気持ちになるのです。

投稿文章を作る際、自分の欲求（「見てほしい」「宣伝したい」など）に焦点を当てるのではなく、本節の例のように、**「自分の気持ちに焦点を当てる」**というテクニックはとても重要です。そもそもFacebookは、**「共感」**という誰しもが持つ感情から拡散や交流を図り、商品やサービスの販売につなげていくツールです。**同じ人間どうしである以上、「人の気持ち」には共感してしまうもの**です。人間のこの傾向を利用し、自分の気持ちに話を振ることで、共感が生まれやすい投稿を作ることができます。その結果、ファンや友達は**「自分で選んだつもり」**になり、投稿者の望む結果になることも多くあるのです。

このようなテクニックは、別サイトへ誘導する場合の「直接的な宣伝投稿」や「情報提供型投稿」を作るときに使うと効果的です。

51

写真のない投稿は「読まれない」と思え

皆さんは投稿をする際、写真を付けているでしょうか？　投稿には、できるだけ写真を付けるように意識してください。Facebookユーザーが、ニュースフィード上に流れてくる投稿を読むか読まないかを判断するのは一瞬です。毎日大量に流れてくる投稿の中から、文章だけの投稿と写真付きの投稿、どちらが目に止まるでしょうか？　もちろん、写真付きの投稿ですよね。

写真を付けることで、投稿に視覚的なインパクトが生まれます。その結果、投稿を見てもらいやすくなり、「いいね！」や「コメント」が付く可能性も高まります。写真付きの投稿の方がシェア率が高いという調査結果も出ています。反応の数が増えれば、エッジランクの3つの値すべてによい影響を及ぼすので、さらに多くのユーザーに見てもらえることになるのです。

もちろん、投稿内容に合った写真を撮影できない場合や、写真撮影を忘れてしまう場合もあると思います。どうしても写真がない場合は、文章のみの投稿で仕方ないのですが、**スマホで撮影した写真で十分**なので、なるべく投稿には写真を付けるように心掛けてください。むしろ、素人感のあるスマホで撮影した写真の方が反応がよい場合も多くあります。

投稿をユーザーに読んでもらわないことには、Facebook営業は実現できません。一人でも多くのファンや友達に自分の投稿が届くよう、写真にも気を配っていきましょう。

52

「タイトル欄」は自分で作ればよい

前述したように、ニュースフィードに表示される投稿を読むか読まないかを判断するのは、本当に一瞬です。そして、読んでもらわないことには何も始まりません。ただ適切なタイミングや回数を守って投稿をしていればよいわけではなく、ファンや友達に自分の投稿を読んでもらえる工夫をする必要があるのです。本節で紹介する**「タイトル」**も、その工夫のひとつです。

たとえばブログでは、タイトルと本文が分かれているのが一般的です。しかしFacebookなどのSNSでは投稿欄がひとつしかなく、本文しか入力することができません。だからと言って、本文だけで投稿するのでは工夫がありません。自分でタイトル欄を作ってしまえばよいのです。次ページの画像は、私が過去に投稿した間接的な宣伝投稿です。**投稿欄の冒頭に、【】で区切ってタイトルを作っています。**「」や『』でもよいと思いますが、【】の方が目立つので、私は【】をおすすめします。

タイトルがあるものとないものを比べてみると、まったく印象が違います。タイトルがある方（上）は、最初にタイトル部分に目が行くので視線に迷いがなく、そのおかげで記事自体もスッキリとまとまった印象を受けます。タイトルがない方（下）は、一行目から横幅いっぱいの長文で、文章のどこに視点を合わせればよいのか迷ってしまい、散漫な印象を受けます。その結果、長文の場合は結局読まれないということにもなりかねません。

長文投稿の場合は特に、タイトルを付けることをおすすめします。「もっと見る」や「続きを読む」のクリックが必要な長い文章だったとしても、**タイトルでファンや友達を惹きつけておくことができれば、読んでもらえる可能性が高まる**からです。

■タイトルあり

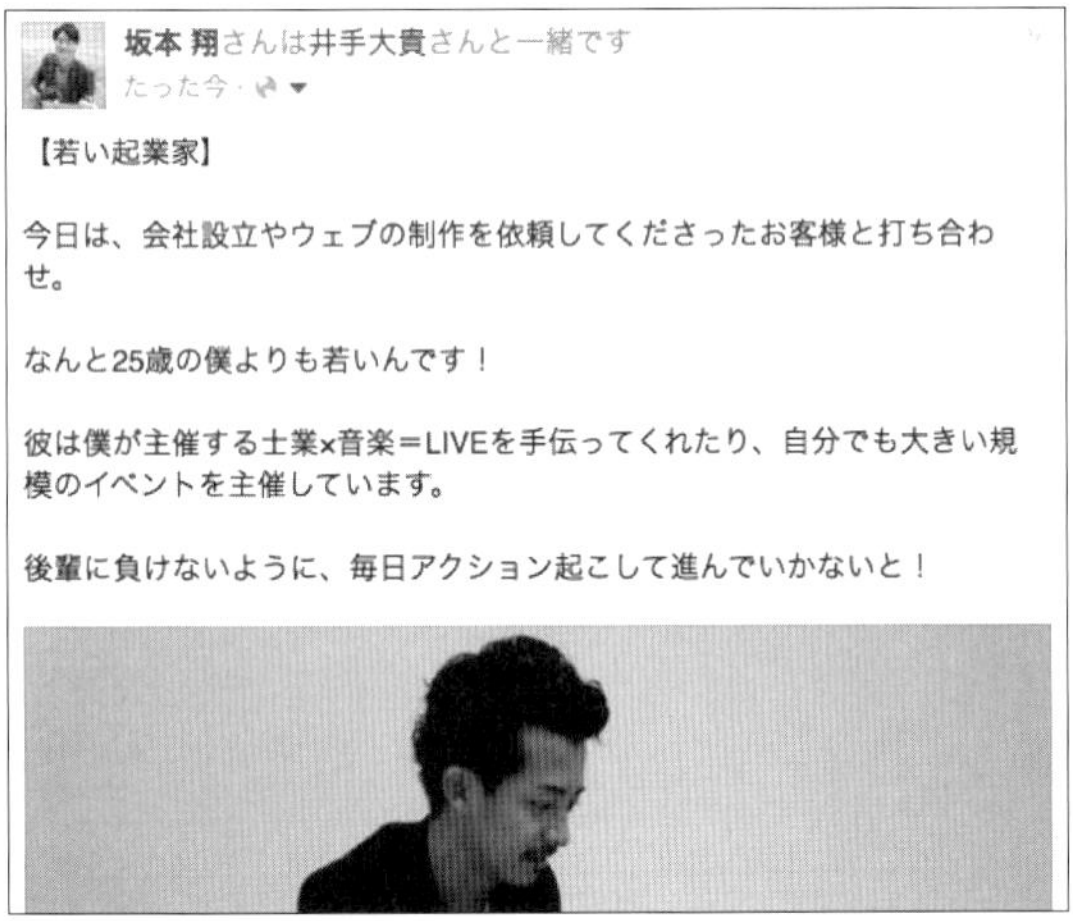
坂本 翔さんは井手大貴さんと一緒です
たった今・
【若い起業家】
今日は、会社設立やウェブの制作を依頼してくださったお客様と打ち合わせ。
なんと25歳の僕よりも若いんです！
彼は僕が主催する士業x音楽＝LIVEを手伝ってくれたり、自分でも大きい規模のイベントを主催しています。
後輩に負けないように、毎日アクション起こして進んでいかないと！

■タイトルなし

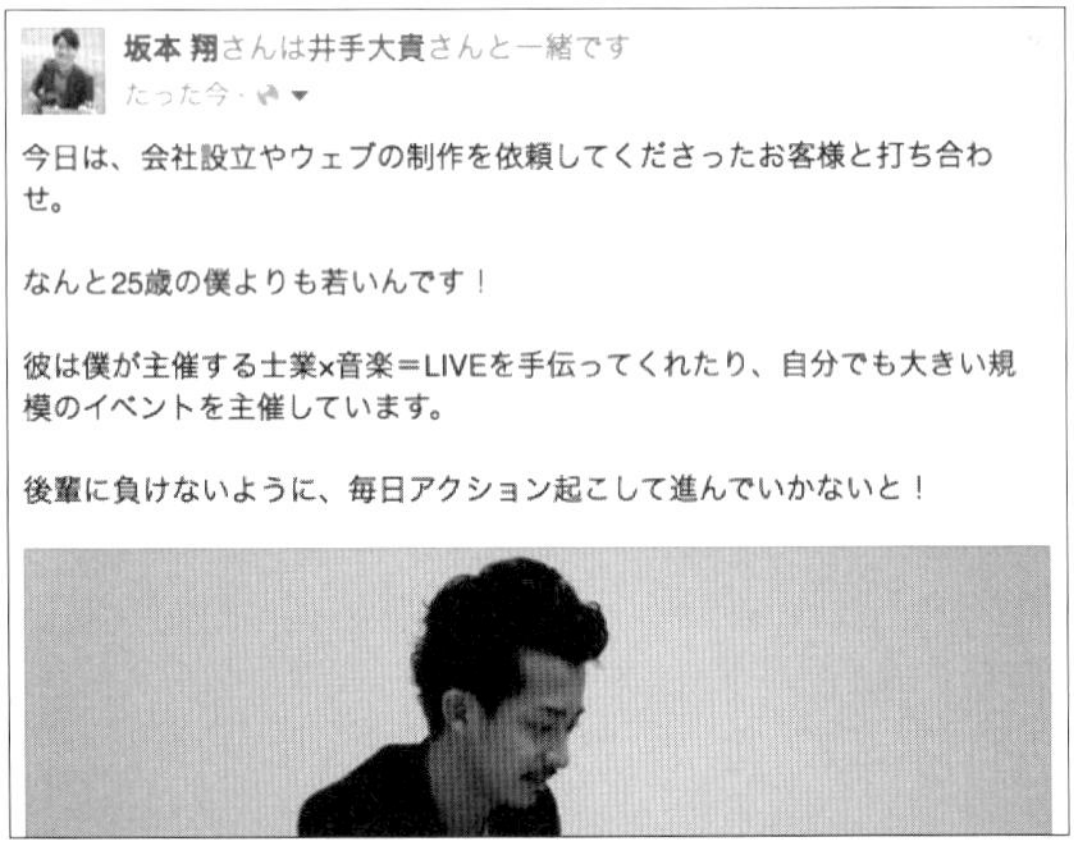
坂本 翔さんは井手大貴さんと一緒です
たった今・
今日は、会社設立やウェブの制作を依頼してくださったお客様と打ち合わせ。
なんと25歳の僕よりも若いんです！
彼は僕が主催する士業x音楽＝LIVEを手伝ってくれたり、自分でも大きい規模のイベントを主催しています。
後輩に負けないように、毎日アクション起こして進んでいかないと！

タイトルには、その投稿のターゲットであるファンや友達に**「自分に関係のあることが書いてあるかもしれない」**と思わせるキーワードを入れておきましょう。たとえば、前ページでご紹介した投稿例の**【若い起業家】**というタイトルの場合、私のビジネスのターゲット層である「起業を目指している人」や「経営者」にとって、「起業家」というキーワードが入っている投稿は気になるはずです。また、タイトルには、本文を要約した言葉や伝えたいことの簡単な概要、時事的な要素を絡めるのも効果的です。また、あえて喋り口調にしたり、少し尖ったあおり気味の言葉にすると、よりファンや友達を惹きつけることができます。

最初はいろいろな形のタイトルを試してみて、自分のページやアカウントのターゲット層に合う形のタイトル表現を見つけていきましょう。

53

「やってはいけない」5つの投稿

本章では、Facebook営業の「教育」「販売」「維持」に大きく関わる「投稿」をするにあたって必要なノウハウやテクニック、考え方などについてお伝えしてきました。最後に、まとめの意味も込めて、私が考える**「Facebookでやってはいけない投稿」**を5つご紹介します。

①ネガティブな投稿、マイナスイメージの投稿

Facebook投稿をストレスの捌け口の場にしているような方を見かけることがあります

が、**ネガティブな投稿を見て気分がよくなる人はいません**。また、投稿自体がネガティブなものでなくても、**マイナスイメージのある単語や文章を使用するのもなるべく避けた方がよい**と言えます。たとえば、お店の一部が改装中の場合を例に挙げます。次の2つの文章だと、どちらが「いいね！」を押しやすく、かつ、印象がよいでしょうか？

- **「現在、店舗の一部を改装しており、お客様に大変ご迷惑をおかけしております。」**
- **「現在、店舗の一部を改装しています。どんな風に仕上がるのか楽しみです。」**

もちろん、後者ですよね。前者のような文章は、「店内の貼り紙」としての文章なら適切なのですが、Facebook的には適切とは言えない文章です。他にも、細かい部分ではありますが、私は、よく文末で使う「〜下さい」という文字は使わず、「〜ください」とFacebookでは書くようにしています。これは、「下」という文字が、プラスかマイナスかで言うとマイナスのイメージがあるからです。

このようなFacebookに適した文章を作り出す感覚は、ファンや友達の反応を確認しながら投稿を行い、日々の運用の中で身に付けていくしかありません。もちろん、人間である以上、嫌な出来事があったり落ち込んだりすることもあると思います。ここでお伝えしているように、原則としてマイナスイメージの投稿はすべきではないのですが、共感を得るという意味で、その気持ちをどうしても投稿したい場合は、そのネガティブなイメージの文章の後に、**ポジティブなイメージの文章を書いて投稿を締める**ようにしてください。たとえば、次のような文章です。

「今日は本当にたくさんのお客様にご来店いただきました。ありがとうございます。いつもより少しお客様をお待たせしてしまった場面があったのが今日の反省点です。すべてのお客様にご満足いただけるサービスが提供できるよう、店内の体制をきっちり整えてまいりますので、今後ともよろしくお願いいたします！」

文章的には「反省」というテーマなのでマイナスイメージですが、よりよいサービスを目指して気持ちが上を向いた状態なのが伝わってきます。**「SNS上でのイメージ=現**

実世界のイメージ」となってしまうので、あくまでも自分にマイナスのイメージが付かないように注意して文章を作ってください。

②誰かに見られて困る文章

特定の誰かに見られたくないような、公開設定にしづらい文章は、そもそもFacebookで投稿すべき文章ではないと言えます。Facebookは、オープンな性質を持つSNSだという自覚を持って投稿をしましょう。

③政治的な発言や宗教的な話題

政治や宗教といった話題を取り上げることがブランディングになるような職業であれば別ですが、通常の店舗や企業のFacebook営業には必要のない話題です。デリケートな分野なので、なるべく触れない方がよいと私は考えています。

④人間味の感じられない運用

友達の投稿に対して、その投稿内容とまったく関係のない自分のサイトへ誘導する目的のコメントをしたり、ロボットのような人間味の感じられない定型的な投稿を毎日続けたりするのは避けましょう。定型的な投稿に対して、これまた定型的なコメントを付けたりする方がいますが、このような使い方もしない方がよいでしょう。友達との交流や、ファンになったページからの情報を楽しむことがFacebookユーザーの目的です。そのような場で、人間味が感じられない機械的な運用を続けていると、当然ファンや友達は離れていきます。**「相手も人だ」**という認識をしっかり持つようにしてください。

⑤自分都合の投稿

ここまでに何度かお伝えしているように、自分の投稿を見ているファンや友達のことを意識せずに、「宣伝がしたいから宣伝をする」「自分が空いているからその時間に投稿する」などというような**「自分都合の投稿」はやめましょう。**「宣伝をするならそこに至るまでのプロセスを前もって見せておく」「ファンや友達に見てもらえる適切な時間に投稿を予約しておく」など、**自分の商品やサービスのターゲットであるファンや友達に合わせて投稿してください**。結果的に、それがFacebook営業の成果につながってくるのです。

よくよく考えれば、これらはどれも当たり前のことです。しかし、簡単に発信ができてしまうFacebookの性質上、このような投稿をやってしまっている方は意外と多いので注意してください。Facebookに限った話ではありませんが、**発信した内容で自分を判断されてしまう**のがインターネットの世界です。一度、人に焼き付いた自分の印象は、そう簡単に消えるものではありません。「自分がどう見られているのか」ということを意識しながら投稿をしていきましょう。

COLUMN

Facebookの考えを知る

第4章の中で、ニュースフィードの仕組みをお伝えしましたが、それをより深く理解するために、そもそもなぜ単なる時系列ではなく「親密度」や「重み」が存在するのかを考えてみたいと思います。

その答えは、Facebook側の考え方を知れば見えてきます。

Facebookは、当然ユーザー数を減らしたくはありません。そのため、Facebookを利用しているそれぞれのユーザーにとって、できるだけ有益な情報をニュースフィードに表示させようとします。それは、そのユーザーが興味のない投稿ばかりを表示していると「Facebookはつまらない」と感じ、ユーザーが離れていってしまうからです。

つまり、このユーザーはどんな（誰の）投稿に興味を持っているのか（＝このユーザーにとって有益な投稿とはどんな投稿か）、それを図る基準が**「親密度」**であり、また、多くのユーザーが反応している投稿（＝多くのユーザーにとって有益であろう投稿）を優先的に表示させようとするのが**「重み」**です。

Facebookは、このような形で各ユーザーにとって有益と判断される情報を優先的に表示してくれているのです。

ユーザーに利用し続けてもらうために、Facebookは日々改善を続けています。これから私たちの生活にどんな変化をもたらしてくれるのか。今後もFacebookの動向から目が離せません。

CHAPTER

05

Facebook営業の「効果的な投稿例」を知る

54

Facebook投稿の「3つの役割」

前章で4種類の投稿をご紹介しましたが、Facebook営業において、各投稿には3つの役割があります。それが、**「教育」「販売」「維持」**です。Facebook営業の全体図を思い出してください（151ページ参照）。

Facebook営業におけるすべての投稿は、直接的、あるいは間接的に商品を**「販売」**することに関わっています。また、自分の商品やサービスをファンや友達の記憶にすり込み、ニーズ発生時に思い出してもらうことで販売へとつなげていく**「教育」**の役割と、一度商品やサービスを購入してくれた顧客をリピーターとして**「維持」**していく役割があります。

本章では、実際の投稿例を見ていきますが、その前に、前章でご紹介した4種類の投稿をおさらいしながら、それぞれが「教育」「販売」「維持」のフェーズでどのような役割を果たすのかをご確認ください。

①日常投稿の役割

「日常投稿」は、宣伝色のない日常の出来事や自己開示などを行い、ファンや友達の共感を得ることを目的にした投稿です。「教育」では、ターゲットに趣味や家族などの側面で共通点を見つけてもらい、**信頼関係の構築や親近感を持ってもらう役割**があります。「維持」では、一度接点を持った顧客に対して、**ファン度や信頼度を高める役割**があります。このように日常投稿は、間接的に「販売」に関わることになります。

日常投稿は、4種類の投稿の中で、もっとも反応が得やすいタイプの投稿です。そのため、エッジランクなどニュースフィードの仕組みを考えると、直接的な宣伝投稿などの反応が得られにくい投稿の前後に投稿すると効果的です。

②情報提供型投稿の役割

「情報提供型投稿」は、ファンや友達が欲するお役立ち情報を発信する形の投稿です。知識を披露することで、「教育」と「維持」の両方で、**ファン度、信頼度を高めることに寄与します**。また、「このページの投稿は勉強になる」とメリットを感じてもらえればブランディングにも直結し、継続的にフォローをし続けてもらえる理由にもなります。

③間接的な宣伝投稿の役割

Facebook営業のメイン投稿である「間接的な宣伝投稿」は、表面上は日常投稿のように見せるなど宣伝色を抑えながらも、宣伝を目的にしている形の投稿です。「教育」では、商品やサービスをリリースするまでのプロセスを見せるなど商品名やサービス名を出しながらも宣伝色を抑えた投稿を継続し、いざ**ニーズが発生した時に「販売」へと結びつけるための布石となる役割**を担います。「維持」では、**顧客に自分の商品やサービスの存在を忘れられないようにする役割**があります。

④直接的な宣伝投稿

最後に「直接的な宣伝投稿」ですが、これは明確な宣伝色のある商品やサービスの宣伝目的の投稿で、**「教育」や「維持」のフェーズにいるファンや友達を「販売」へとつなぐ役割**があります。

見込み客や顧客のフェーズの違いによって、これら4種類の投稿の効果が変わってくるということです。

次節からは、私自身の投稿はもちろん、私がSNSコンサルティングで支援させていただいているクライアント企業の投稿など、掲載の許可を得られた実際の投稿事例をお見せしながら、その投稿をすることでどんな効果が得られたのか等をご紹介します。それぞれの投稿の定義や役割は、ここまでに何度か説明をしてきているので割愛し、次節からは事例の紹介にフォーカスして話を進めていきます。

55

「日常投稿」の例①プライベート感で「共感」を呼び込む

まずは、「日常投稿」の例をご紹介します。次ページに掲載している私の個人アカウントの実際の投稿をご覧ください（https://www.facebook.com/sho.sakamoto.323）。

「誰が興味あるんだ」と思ってしまいそうな、**完全にプライベートな投稿**です（笑）。

しかし、ＳＮＳでは意外とこのような投稿は反応がよいのです。この投稿の「いいね！」数は、普段の間接的な宣伝投稿の倍以上の「いいね！」数まで伸びています。それだけエッジランクが上がり、たくさんのユーザーに届いているということです。

この投稿のポイントは、**「親孝行」**と**「共感」**です。この投稿には、「自分も母親をご飯に誘ってみます」「祖母のお見舞いに行こうと思いました」などのコメントが入りました。このことからも、友達によい刺激を与えることができ、親孝行のアクションを起こすきっかけになっていることがわかります。「親孝行」に限らず、**誰もが「自分も…」と共感できる内容の投稿は、非常にファンや友達の受けがよい**のです。

■「日常投稿」例①

坂本 翔
たった今・
【親孝行】
今日は母と祖母が神戸のオフィスに来たので、ちょっと良い肉を食べに行きました！
ちょっとだけ親孝行できたかな(^^)

このような家族ネタはよく投稿するのですが、私の家族ネタの投稿を楽しみにしてくれているビジネスパートナーもいます。そのパートナーはビジネス的にすごく成功されている方なのですが、「なぜ私と組もうと思ったのですか?」と聞くと、「ビジネス的にシナジーがあることはもちろん、あの家族ネタの投稿が好きで、親を大事にする人に悪い人はいないし、親孝行をする姿勢に共感したからです」と話してくださいました。一見なんの変哲もない日常の一場面を切り取った投稿ですが、意外な効果があったのです。

■「日常投稿」例②

行政書士オフィス２３
たった今・
【スタッフからの刺激】
スタッフの松波くん、今日も頑張って仕事をしてくれています。
もっと面白い仕事を経験させてあげられるように、いろいろ頑張らないといけないなと、いつも逆に良い刺激をもらっています。
行政書士オフィス２３代表　坂本翔

もうひとつ、私が経営する「行政書士オフィス23」のFacebookページ(https://www.facebook.com/a.s.office23)の日常投稿をご覧ください(上の画像)。

この投稿は、代表である私の目線でスタッフに対する思いを書くことで、**仕事に対する前向きな姿勢**を表現している日常投稿です。行政書士オフィス23は、会社設立やそれに伴う許認可、事業開始後に必要な補助金や融資などを扱う事務所なので、自分の将来に対して明確なビジョンを持ったお客様が多いです。そのような意識の高いお客様は、前向きでよい刺激をもらえそうな事務所に仕事を依頼したいと思うものなので、その部分にアプローチするような形の投稿になっています（行政書士オフィス23 http://kigyou.office23.info）。

この第5章では、このような形で実際の投稿をご紹介していきます。

続いて次節では、私のクライアントのFacebookページで投稿している「日常投稿」をご覧いただきます。

56

「日常投稿」の例②
人間味のある投稿で「親近感」を与える

次は、私のSNSコンサルティングのクライアントである株式会社三田屋本店さんのFacebookページ「三田屋本店—やすらぎの郷—」(https://www.facebook.com/sandaya.honten)の投稿の中から、掲載の許可が得られたものをご紹介します。

株式会社三田屋本店さんは、「世界初の能舞台があるステーキレストラン」を運営する企業として有名で、関西圏を中心に、こだわりのロースハムや黒毛和牛のステーキを「三田青磁」という伝統ある食器で提供されています（株式会社三田屋本店 http://www.sandaya-honten.co.jp)。

Facebook の運用としては、**間接的な宣伝投稿が通常の割合よりも多くなっています。また、最近は日常投稿を月に2〜3回程のペースで行っている状況です。**上の画像はその日常投稿のひとつです。

和を基調とした落ち着いた雰囲気も売りにしているお店なので、その雰囲気を活かす形で投稿を作成しています。空や木々などの自然と相まって、品のある空気感が写真から伝わってきます。

他にも日常投稿に分類されるものとして、

■「日常投稿」例③

「三田屋本店―やすらぎの郷―」のFacebookページでは、**スタッフ紹介**を実施しています（Facebookページから実際の投稿をご覧ください）。特に飲食店の場合は、どんな人がどのような場所で調理をしているのか等を見せることで、ファンや友達に安心・安全をアピールすることができ、イメージアップにつながるのです。また、スタッフ紹介を含めた自社内の日常風景を見せるなど、スタッフを巻き込んでFacebookを運用することにより、結果的に自社に合った人材の獲得や、スタッフの離職率の低下につながる効果もあります。

三田屋本店さんでは、高級感のある佇まいであるが故に、これまで「敷居が高い」と思われがちでしたが、Facebookの運用を開始し、スタッフ紹介などの投稿を始めたことで、お客様に店内で声をかけられる回数も増え、**お客様との距離が縮まった**と言います。

このような宣伝色がまったく感じられない投稿をすることで、Facebookに馴染んだ自然な形で自社の存在をファンや友達に伝えることができるのです。

宣伝系の投稿のみになってしまうと、ファンや友達は離れていきます。せっかく広告で数千件の「いいね！」を稼いだのに、リーチはその半数にも届いていないFacebookページは意外と多いです。このような状態を避けるためにも、**Facebookにもっとも馴染む「日常投稿」は必ず行うようにしてください。**

ちなみに、Facebookを始めたばかりのクライアントやセミナー受講生から、「個人アカウントはプライベート用、Facebookページはビジネス用と分けて運用してもよいのでしょうか？」という質問をよく受けます。そのように分けてしまうと、プライベート用は「日常投稿」のみ、ビジネス用は「宣伝投稿」のみと偏ってしまい、Facebook営業が実現できません。**1つのアカウントの中で、仕事の話もありながら、日常投稿で人間味を見せるからこそ、「販売」につなげることができるのです。**

57

「情報提供型投稿」の例 お役立ち情報で「ブランディング」

本節では、「情報提供型投稿」の事例をご紹介します。次ページの投稿は、私の主宰する「次世代士業コミュニティ『士業団』」のFacebookページ（https://www.facebook.com/shigyodan）に投稿したものです（士業団 http://shigyodan.com）。このページは、士業団に所属するメンバーはもちろん、外部の士業の方へのマーケティングやSNSに関する情報提供を目的に運営しているページで、8割以上が情報提供型投稿と間接的な宣伝投稿で構成されています。

Facebookでは、**あまりに長文すぎる投稿は読まれない**傾向があります。そのため、長文になりがちな情報提供型投稿は、**別途コラムなどの形で執筆して、そのリンクをシェアする**形を取ることを私は推奨しています。Facebook上では読みやすい文章量で結論だけを書き、「その詳細や理由を知りたい方はこちらへアクセスしてください」という形で別サイトへ誘導すると、スマートで読みやすい情報提供型投稿ができます。

さらに、次ページのような投稿も、情報提供型投稿にあたります。これは、Facebookの個人アカウントを外部のブログサービスと連携させて、そのブログへのリンクを投稿したものです。投稿例として掲載さ

■「情報提供型投稿」例①

次世代士業コミュニティ『士業団』
たった今・
【SNSの投稿に適した時間帯】
皆さんはSNSに投稿をするとき、時間を意識していますか？
フィードが時系列のTwitterやInstagramはもちろん、純粋な時系列ではないFacebookでも、投稿に適した時間帯に投稿するだけで、そうではない時間帯に投稿したものと比べてリーチの伸びが変わってきます。
投稿に適した時間帯、それはズバリ『21時〜22時』です！
21時〜22時が投稿に適している理由はこちら
→http://ameblo.jp/genxsho/

せていただいた石下貴大さんのブログは、士業№1と言われるほど人気のブログで、Facebookとブログを連携させることで、いつもFacebookから多くのアクセスを集めているようです（行政書士法人GOAL石下貴大さんのブログ http://ameblo.jp/fc-ishige/）。

■「情報提供型投稿」例②

情報提供型投稿は、**「集客」フェーズでターゲットを絞って集めたファンや友達が関心を持つであろう情報を提供**し、それによって「教育」や「維持」のフェーズにおけるブランディング効果を期待して行うものです。

たとえば、私の士業団のFacebookページのように同業者のファンを集めているのであれば、そのファンが高い関心を寄せる「SNSによる集客法」や「マーケティングについて」といった情報を提供します。

法律関係のページであれば「法律に関する豆知識」、美容関係のページなら「簡単な肌のお手入れ法」や「ヘアスタイルについて」、アパレル関係のページなら「流行りのコーディネート」や「服のお手入れ法」、飲食関係のページなら「旬の食材の紹介」や「家庭で簡単にできるレシピの紹介」など、情報提供型投稿では、自分の商品やサービスの見込み客であるファンや友達が喜んでくれそうな情報を投稿していきましょう。

58

「間接的な宣伝投稿」の例① 商品名やサービス名は「さりげなく入れる」

ここからは、「間接的な宣伝投稿」に入っていきます。まずは、次ページの私の個人アカウントの投稿例からご覧ください。この投稿は、私が主宰する士業団の宣伝をすることが目的です。しかし、あくまでも間接的な宣伝投稿なので、「士業団」というサービス名は出しながらも、その料金やウェブサイトのURLなど、**直接的な宣伝投稿と受け取られるような文言は記載していません**。とはいえ、「セミナーが終わった」と報告をするだけの**日常投稿ではなく、宣伝したいサービス名とその現状を伝えることで、間接**

的な宣伝投稿の形にしています。実際に、この投稿を見た同業者の方から「士業団について詳しく聞きたい」というメッセージをいただき、その後、士業団に入団してくださいました。

■「間接的な宣伝投稿」例①

坂本 翔
たった今
【セミナー終了】
今日のセミナーに参加してくださった皆さん、ありがとうございました(^^)
先週の関東士業団に続き、今日は関西士業団の仲間が３名増えました！
士業団を日本一の士業コミュニティにしていくぞ！！

もうひとつ私自身の例ですが、これは行政書士オフィス23のFacebookページに投稿したものです（195ページをご覧ください）。こちらも「会社設立」や「ウェブ制作」といった商品やサービスの名前は記載していますが、「お客様の前祝いに食事に行った」と書いているだけで、直接的な宣伝はしていません。

このような宣伝色のない宣伝目的の投稿を日々行うことで、自分の商品やサー

ビスがファンや友達の間で徐々に浸透していき、ニーズが顕在化したタイミングで思い出してもらうことで、「販売」へとつながっていくのです。

また、運営主体が会社や店舗であることが多いFacebookページでは、積極的に「人気(ひとけ)」を出した投稿を行うべきです。次ページの投稿例のように、お客様ご本人に許可を得て、できるだけ人が見える写真を投稿するようにしましょう。

ちなみに、自分のFacebookページで投稿したものを、後から自分の個人アカウントでシェアすることも可能です。自分で自分の投稿をシェアするというのは変な感覚かもしれませんが、これを行うことでリーチが伸びることはもちろん、エッジランクにもよい影響を及ぼします。個人アカウントとFacebookページの両方に合う内容の投稿があれば、ぜひやってみてください。

■「間接的な宣伝投稿」例②

行政書士オフィス２３
たった今・

【前祝い】

皆さん、こんばんは！
行政書士オフィス２３代表の坂本翔です(^^)

今日はお客様の会社設立日なので、昨日うちのスタッフと一緒にお客様の前祝いで食事に行ってきました！

これまで行政書士として何社も会社設立に関わってきましたが、現在25歳の自分より年が下のお客様は初めてでした。

ウェブ制作も依頼してくださったので、長時間いろいろと打ち合わせを重ねたこともあり、感慨深いというか、いつもと少し違う感覚です。

これからいろんな仕事でジョイントしていければと思います(^^)/

59

「間接的な宣伝投稿」の例②商品への「こだわり」を簡潔に述べる

間接的な宣伝投稿の例として、日常投稿の節で掲載させていただいた「三田屋本店—やすらぎの郷—」の投稿もご紹介します。次ページの投稿は、**写真とともに商品へのこだわりを簡潔に記載して、商品紹介のような形にしている投稿**です。この投稿には、実際に「このドレッシング最高に美味しいんだよね。」「これはどこで買えますか?」など、たくさんのコメントやシェアが入り、Facebook広告を使っていないにもかかわらず、リーチは当時のファン数の3倍以上にもなりました。

商品紹介風にしているため、若干の宣伝色は感じるかもしれないですが、値段を記載したり、「購入はこちら」と外部サイトへ誘導したりといった明確な宣伝はしていません。**視界に入っただけで読めてしまうくらいシンプルな文章に写真のみ**という、もっとも反応が得やすい形の投稿になっています。

■「間接的な宣伝投稿」例③

この投稿の後、Facebookページに設定しているウェブサイトやメッセージ経由で、このドレッシングのお問い合わせや注文があったそうです。

飲食、美容、アパレルなど衝動買いができてしまうような価格帯の商品やサービスであれば、Facebookによる即効性のある営業が、このように実現できる場合もあります。

ちなみに、**飲食関係のFacebookページにファンが期待しているのは、食べ物の写真が付いた投稿**です。本節の「三田屋本店―やすらぎの郷―」の投稿のように、食べ物関係の投稿はコメントなどの反応が得やすく、コメント欄でファンとの交流ができます。コメントは、エッジランクの親密度、重み、経過時間のすべてによい影響を及ぼすので、そこから直接販売につながることも珍しくありません。ファンや友達の立場になって考え、「コメント」や「いいね！」をしやすい投稿を心掛けましょう。

間接的な宣伝投稿は、Facebook営業のメイン投稿なので、まだまだ投稿例をご紹介します。次ページの投稿は、私の個人アカウントで投稿したものなのですが、何を目的にした間接的な宣伝投稿かおわかりいただけるでしょうか？

この投稿は、**「本の宣伝」を目的にして、発売までのプロセスを見せている投稿**です。本書の発売に向けて、私のアカウントでは、このような間接的な宣伝投稿を続けてきました。長期にわたって本書完成までのプロセスを投稿で公開してきたので、その中でファンや友達から「いいね！」はもちろん、「出版おめでとうございます」「絶対に購入す

■「間接的な宣伝投稿」例④

坂本 翔
たった今
【出版に向けて】
今日は一日、初校のチェックを行っています。
２月１９日の出版に合わせて、新しい企画のリリースなど全てのスケジュールが動いているので、ここでつまずくわけにはいかない！
がんばるしかない！

るのでサインしてください！」など、本当にたくさんの応援コメントやメッセージをいただきました。この場を借りてお礼を言わせてください。とても励みになりました。本当にありがとうございます。

このように、商品の発売までのプロセスを見せる投稿も間接的な宣伝投稿に含まれます。このパターンの投稿例を、次節でもうひとつご紹介します。

60

「間接的な宣伝投稿」の例③ プロセスを小出しにして「期待感」を上げる

次ページの投稿例は、私のＳＮＳコンサルティングのクライアントであるギター＆ベース工房 Sago New Material Guitars さんの Facebook ページ「Sago New Material Guitars」(https: //www.facebook.com/sagonmg) の投稿です (Sago New Material Guitars http://www.sago-nmg.com)。

この投稿は、**新商品のリリースに向けて、そのプロセスを公開している投稿**です。

たとえば、このような投稿の数日後に、この商品の詳細を記載した直接的な宣伝投稿をすることになります。

このような直接的な宣伝投稿に向けたプロセスを見せる形の間接的な宣伝投稿では、実際にはすべての情報が決定していて、今すぐにでもリリースできるような状態だとしても、**一度に情報を公開しない**ようにしましょう。**情報を小出しにして期待感を上げる**のも、ファンや友達を販売に導くための重要なテクニックです。

■「間接的な宣伝投稿」例⑤

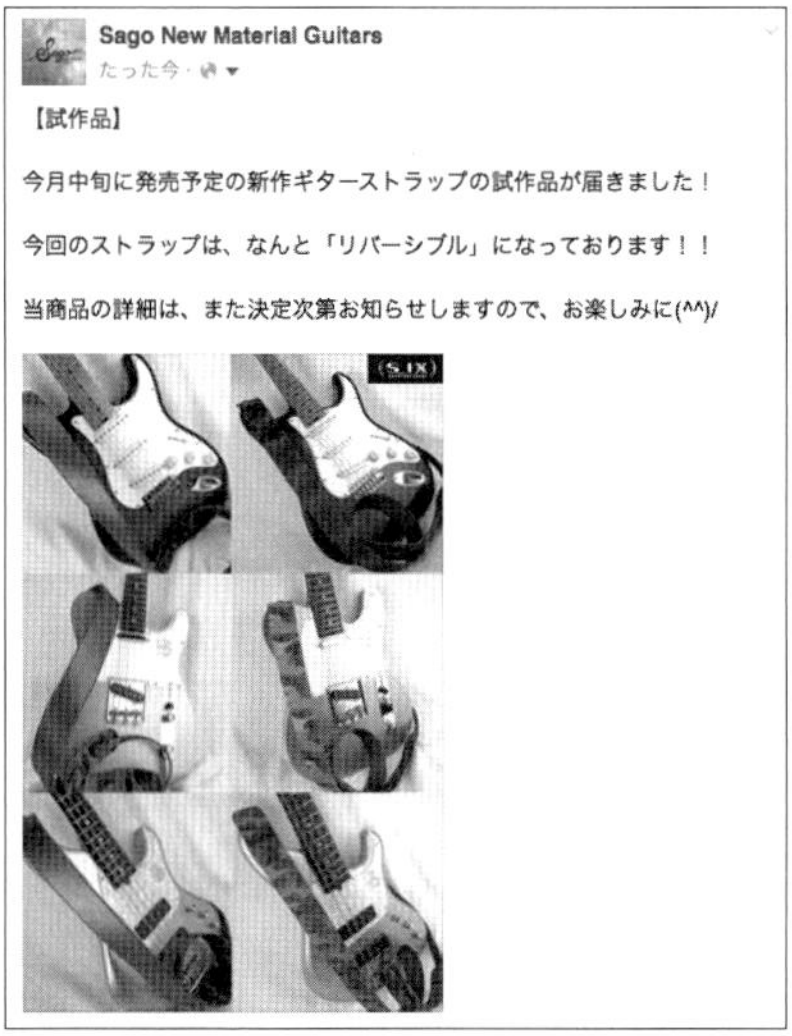

もうひとつ投稿例をご紹介します。次ページの投稿も、間接的な宣伝投稿に分類されます。この投稿は、私の楽器のカスタマイズをお願いしたときに、Sago New Material Guitarsさんのページで投稿していただいたものです。このように、

■「間接的な宣伝投稿」例⑥

Sago New Material Guitarsさんが新しい写真7枚を追加しました
たった今

【ピックガード製作①】

本日から、「士業x音楽＝live」という珍しいイベントを主催されている行政書士の坂本翔さんのベースのピックガード製作について、ご本人に許可をいただいたので投稿していきたいと思います(^^)

「士業x音楽＝LIVE」PV
https://youtu.be/sYhJQmIMDD8

まずは、ピックガードのジグを完成させました！

ピックアップなどを外して、透明のフィルムにピックガードの形状を書きます。

それをスキャンして作成したデータをもとにジグを作ります。

ベニヤ板にプリントアウトしたデータを貼り付け、外周を加工していきます。

バンドソーで大まかに切り出し、ベルトサンダーで形を整えます（細かい部分は手作業で削り、外周のカーブを滑らかにします）。

ピックアップ部分はボディのザグリに合わせるので、ピックガード製作後に加工します。

このような流れでピックガードを製作していきます！

この続きはまた次回をお楽しみに(^^)/

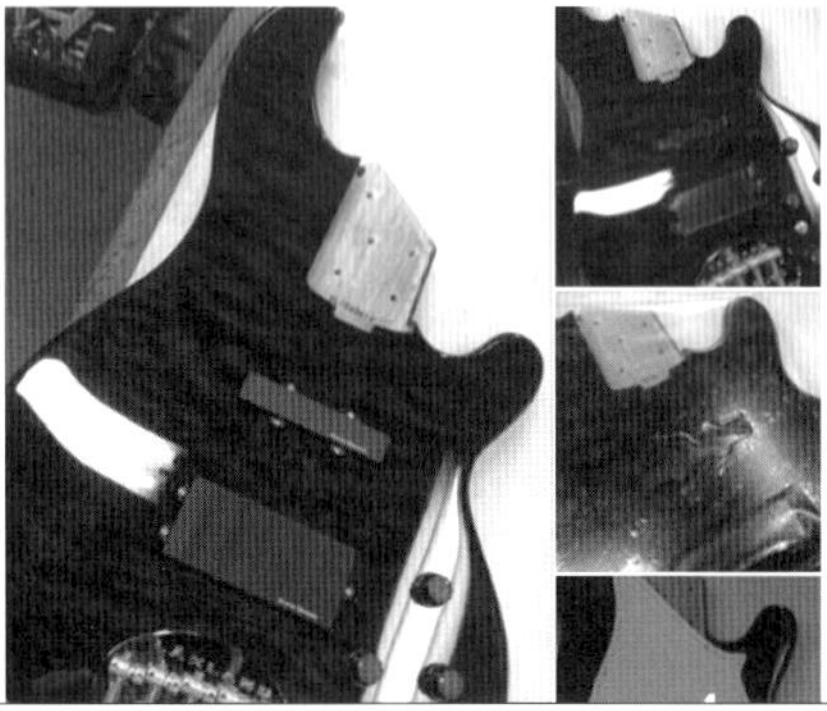

宣伝色を出さずに作業風景を見せておくことで、ニーズ発生時に販売につながることはもちろん、「リペアやカスタマイズはここにお願いすればいいんだ」と**見込み客の潜在的なニーズを顕在化することもできます。**

人は、なんでも自分で決めたいものです。こちらから押し付けるような言い回しの投稿はせず、**あくまでもファンや友達自ら、販売へのアクションを起こしてもらう必要があります**。そのための間接的な宣伝投稿なのです。

この間接的な宣伝投稿を、**投稿全体の４割以上の割合で定期的に行う**ことにより、ファンや友達に自分の商品やサービスを浸透させながら交流を図り、ニーズ発生タイミングで販売につなげていくことができるようになります。

次節では、その販売のフェーズへ、ファンや友達を誘導する際に使用する直接的な宣伝投稿についてお伝えします。

61

「直接的な宣伝投稿」の例
「宣伝」と割り切り販売へ誘導する

いよいよ本章も最後の節になりました。最後は、「直接的な宣伝投稿」です。これまでご紹介した3種類の投稿は、どれも「販売」に対して受け身の姿勢の投稿ですが、本節でご紹介する直接的な宣伝投稿は、「販売」へのアクションをこちらから促すことのできる投稿です。直接的な宣伝投稿を行うタイミングとしてもっとも多いのは、**新しい商品やサービスを発表するとき**です。ここでは、新サービスや新商品のリリース時の投稿例をご紹介します。早速、1つ目の投稿例をご覧ください。

本ページの投稿は、私の個人アカウントでFacebookセミナーのウェブサイトをリリースしたときの投稿で、同時に参加申し込みの受付も開始しました（この投稿後1時間も経たないうちに5件の参加申し込みをいただき、その後も継続的にお申し込みをいただいています）。

■「直接的な宣伝投稿」例①

間接的な宣伝投稿との違いは、明確に「詳細・お申し込みはこちら」と、外部の販売サイトへ誘導している点です。この投稿例の場合は、投稿内に直接サービスの詳細は書かず、外部サイトへ誘導する形になっていますが、直接的な宣伝投稿の場合は、たとえ長文になったとしても、投稿内に直接詳細を記載してもOKです。

その理由として、直接的な宣伝投稿は、商品やサービスのリリースまでにそのプロセスを見せて、ファンや友達の興味を引いておいてから投稿するものだからです。この投稿例の場合も、**そこに至るまでに間接的な宣伝投稿を使って、リリースまでのプロセスを見せています**。だからこそ、この投稿後すぐに参加申し込みがあったのです。

前述したように、**唐突すぎる直接的な宣伝投稿は逆効果**です。直接的な宣伝投稿をする前には、前節までにご紹介したような、その商品やサービスへの思いや製作過程、準備風景などの**「プロセス」を投稿しておく**ようにしてください。その商品やサービスがリリースされるまでのプロセスの公開により、ある程度それに対する知識がある状態で、ファンや友達は直接的な宣伝投稿を見ることになります。それにより、投稿がたとえ長文であっても、その詳細を読むことへの抵抗がなくなっている場合が多いのです。

中には、プロセスの公開過程で強い関心を持ち、直接的な宣伝投稿を待っているファンや友達がいる場合もあります。前節でもご紹介したSago New Material GuitarsさんのFacebookページ「Sago New Material Guitars」では、まさに「このページの直接的な宣伝投稿をファンが待っている」という状態をうまく作り出すことができています。207

■「直接的な宣伝投稿」例②

Sago New Material Guitars
たった今・

【桜村眞NEWモデル完成！】

桜村 眞（和楽器バンド Guitar：町屋）氏のNEWモデル『虎徹』が完成しました！

ホンジュラスマホガニー1Pのボディに、パール塗装の今回の仕様には、綺麗な桜が描かれております。

これまでのギター同様この『虎徹』も、桜村氏のこだわりが詰まった美しい一本に仕上がりました。

『虎徹』の詳細はこちら
→http://www.sago-nmg.com/artist/detail/51/

『虎徹』のご購入やお問い合わせはこちら
→http://www.sago-nmg.com/contact/

ページの投稿例をご覧ください。

紙面の都合上、このギターの製作過程の投稿は掲載できませんが、このような直接的な宣伝投稿をする前にその製作過程を公開しておくことで、ファンはどのような楽器が出来上がるのかと楽しみになり、前述のような直接的な宣伝投稿を期待して待っているという心理状態になるのです。

プロセスを見せる間接的な宣伝投稿があってこそ、直接的な宣伝投稿は本来の力を発揮するということを覚えておいてください。他にも、イベントを宣伝する目的の投稿なども直接的な宣伝投稿に含まれるのですが、イベント集客の章をこの後に設けているので、次章で詳しく解説します。

これまでもお伝えしてきているように、Facebookでは宣伝色を抑えるのが原則です。ただし、Facebook営業の「販売」のフェーズにファンや友達を誘導するには、直接的な宣伝投稿も必要になります。ファンや友達が「もっと詳しく知りたい」「その商品を買いたい」などと思ったときに**次のアクションに迷わないよう、直接的な宣伝投稿をする際は宣伝と割り切って、**きちんとその商品やサービスの詳細や販売サイトのＵＲＬなどを投稿内に記載するようにしてください。

本章では、４種類の投稿それぞれについて、実際の投稿例をご覧いただきました。特定の業種の例しかお見せできていませんが、基本的なFacebook営業の流れ、各投稿の定義や効果、文章構成の仕方などは、どの業界も大きくは変わりません。本書でご紹介している投稿を参考にしていただき、皆さんの業界に応用して投稿を行っていただければと思います。

私自身、Facebookを本格的に活用し始める前に、大手企業で成果が出ていそうなFacebookページのファンになり、その投稿を何度も読んで研究したり、個人アカウントの友達で、積極的にFacebookに投稿している人の文章を見て、「これはよい投稿だ」「自分ならこうする」などと考えながらニュースフィードを眺めていました。結果的にそれがよいインプットとなり、自然とFacebookに馴染む文章がアウトプットできるようになったのだと思います。

皆さんも、大手企業や同業他社のFacebookページや個人アカウントの友達の投稿などを参考にしながら、ファンや友達との交流を楽しむというスタンスを忘れず、本書でお伝えしている適切な方法で継続的に投稿を続けていってください。

ちなみに、本書では、数十万件の「いいね！」が付いているような大手企業のアカウントの事例をあえて掲載していません。たしかに、前述のように大手企業のアカウントから学べることもあるのですが、Facebookを遠く感じられてしまうと運用を続けるモチベーションがわかないので、今回は私自身やクライアント企業の中から事例を掲載しました。

「これからFacebookを本格的に始める」「これまで自己流で運用してきたけどうまくいかない」など、そんな方に「自分でもできる」と感じてほしいという思いがあり、なるべく身近な事例を掲載しましたので、ぜひ本書を参考に、Facebook営業を実践していただければと思います。

CHAPTER 06

Facebook営業「イベント集客」でつながる方法

62 「イベント集客」は誰でもできる

本章では、**「イベント」**をテーマに話を進めていきます。「イベント」と一言で言ってもさまざまな種類があり、会社や店舗の業態、扱う商品やサービスなどによって、その内容は大きく異なります。また、一見イベントとは無縁に思われる業態であっても、アイデア次第で、イベント集客を取り入れることができるのです。

たとえば私の場合、「士業×音楽＝ＬＩＶＥ」（https://www.facebook.com/shigyo.live）というイベントを主催しています。このイベントは、士業をはじめとする経営者の方にライブ演奏をしていただき、そこに仲間である士業関係者や経営者をお招きすることで、生

■業種とイベント例

業種	イベント
美容室／エステサロン	初回割引キャンペーン／紹介割引キャンペーン
アパレル店	季節の変わり目に実施するセール
小売店	特定日の割引セール／特定日のポイント付与キャンペーン
飲食店	旬の食材を使った期間限定メニュー／演奏やマジックなどのショー／その他客席で行う催し物
ヨガ教室／料理教室／学習塾	無料体験レッスン
士業／コンサルタント	セミナー／勉強会／交流会／その他見込み客が関心を持ちそうな催し物

の音楽を楽しみながら、ビジネスにつながる交流をしていただく**「ライブ＋交流会」**という形で開催しているものです。

また、私のクライアントの飲食店では、客席で演奏家の方が**「ピアノ演奏」**をしたり、時には有名なアーティストを招いて**「ディナーショー」**を開催したりしていますが、これもイベントです。

こうしたいかにもなイベントの他にも、私が定期的に開催しているような**「セミナー」**や**「勉強会」**なども当然イベントにあたります。また、ヨガ教室や料理教室などの**「無料体験レッスン」**、美容院やエステサロンなどのお客様に向けた**「キャンペーン」**、アパレル店でよく見かける**「セール」**などもイベントと言えます。

こうしたイベントは、自分のビジネスのブランディングに直結する重要な手段となります。そして、**イベントの多くは、前述した「販売」フェーズの「フロントエンド商品」にあたるのです**（38ページ参照）。私の場合、セミナーは「講師業をしている」というブランディングに直結し、コンサルタントや士業として契約をしていただく（バックエンド）ためのフロントエンド商品にもなっています。

ヨガや料理の教室が無料体験レッスンを実施する場合、これは教室に入っていただく（バックエンド）ためのフロントエンド商品になるものですし、美容関係のお店やアパレル関係のお店が実施するキャンペーンやセールなどでも、今後通い続けていただく（バックエンド）ために、まずは見込み客が来店しやすいような価格に設定して客寄せをしています（フロントエンド）。私も、「初回限定キャンペーン」という美容室の宣伝投稿に惹かれ、そこから数年間通い続けた経験があります。皆さんもこのような形で、フロントエンド商品を購入後、バックエンド商品の購入まで進んだケースが多々あると思います。

つまり、**見込み客に自然な流れでバックエンドである商品やサービスを購入してもらうためには、フロントエンド商品にあたるイベントを活用すると効果的なのです。**

ただし、せっかくイベントを開催しても、人が集まらなければ意味がありません。イベントに人が集まらない（販売のフェーズに見込み客を誘導できない）原因は、**「プロセスを見せる」というステップを踏んでいない**ことが挙げられます。

たとえば、「明日、○○（場所）で□□（イベント名）を開催しますので、ぜひお越しください！」というように、何の前ぶれもなく急にイベント告知（直接的な宣伝投稿）をしている方をよく見かけます。ここまでFacebook営業を学んできた皆さんであれば、このような投稿では人は集まらないとおわかりいただけると思います。いきなり「明日」というのは、スケジュール的にも無理がありますし、急に「□□（イベント名）を開催します」と言われても、ファンや友達は何のことかさっぱりわかりません。それを「何のことだろう?」と興味を持って詳細を聞いてくれるファンや友達は、ほとんどいないと思ってください。

人を集めようと思うのなら、**自分都合で唐突に直接的な宣伝投稿をするのではなく、間接的な宣伝投稿で事前に少しずつプロセスを見せておきましょう。**

私の「士業×音楽＝ＬＩＶＥ」を例に挙げると、このプロセスを見せる投稿を続けた結果、ＶＯＬ．１は１２０名以上を動員（会場満員）し、ＶＯＬ．２も事前予約だけで会場が満員、ＶＯＬ．３は来場者２００名以上、ネット中継視聴者も２００名以上、１日で合計４００名以上の方に参加していただき、スポンサー企業は10社、新聞取材やラジオ出演のオファーなどもいただきました。私は、**このイベントに広告費は一切かけていません。**広告費をかけずに、ＳＮＳだけでこの集客を実現したという実績から、今のＳＮＳコンサルタントとしての活動や本書の出版にもつながっています。

もちろん、そのイベントの情報を掲載するためのウェブサイトは持っていますが、それはあくまで申し込み者を管理するためのフォームの設置や当日のレポートを掲載する役割のサイトです。人を集めるために使用したツールは、主にFacebookの**「個人アカウント」**と**「Facebookページ」**、そして**「イベントページ」**です。Facebookをうまく使えば、広告費をほとんどかけることなく、イベント集客を実現できてしまうのです。

なお、本章で使用する「イベント集客」の「集客」は、単に「イベントに人を集める」という意味で使っています。Facebook営業の「集客」（32ページ）と混同しないようにご注意ください。次節からは、イベント集客の全体像や投稿の話に入っていきます。

63

イベント集客は「2段階」に分ける

　前節で「イベント集客を成功させるにはプロセスを見せておく必要がある」とお伝えしましたが、イベント集客で公開すべき「プロセス」には、2つの段階があります。**「イベント情報が決定するまでのプロセス」**と**「イベント当日までのプロセス」**です。「イベント情報の決定」と「イベント当日」を2つの区切りとして、そこに至るまでのプロセスを、それぞれ日々の投稿で見せていくのです。

　ここで、次ページの図をご覧ください。**イベントのプロセスを見せる投稿は、主に「間接的な宣伝投稿」に当たります**が、その中に、「日常投稿」や「情報提供型投稿」

■イベント集客の全体像

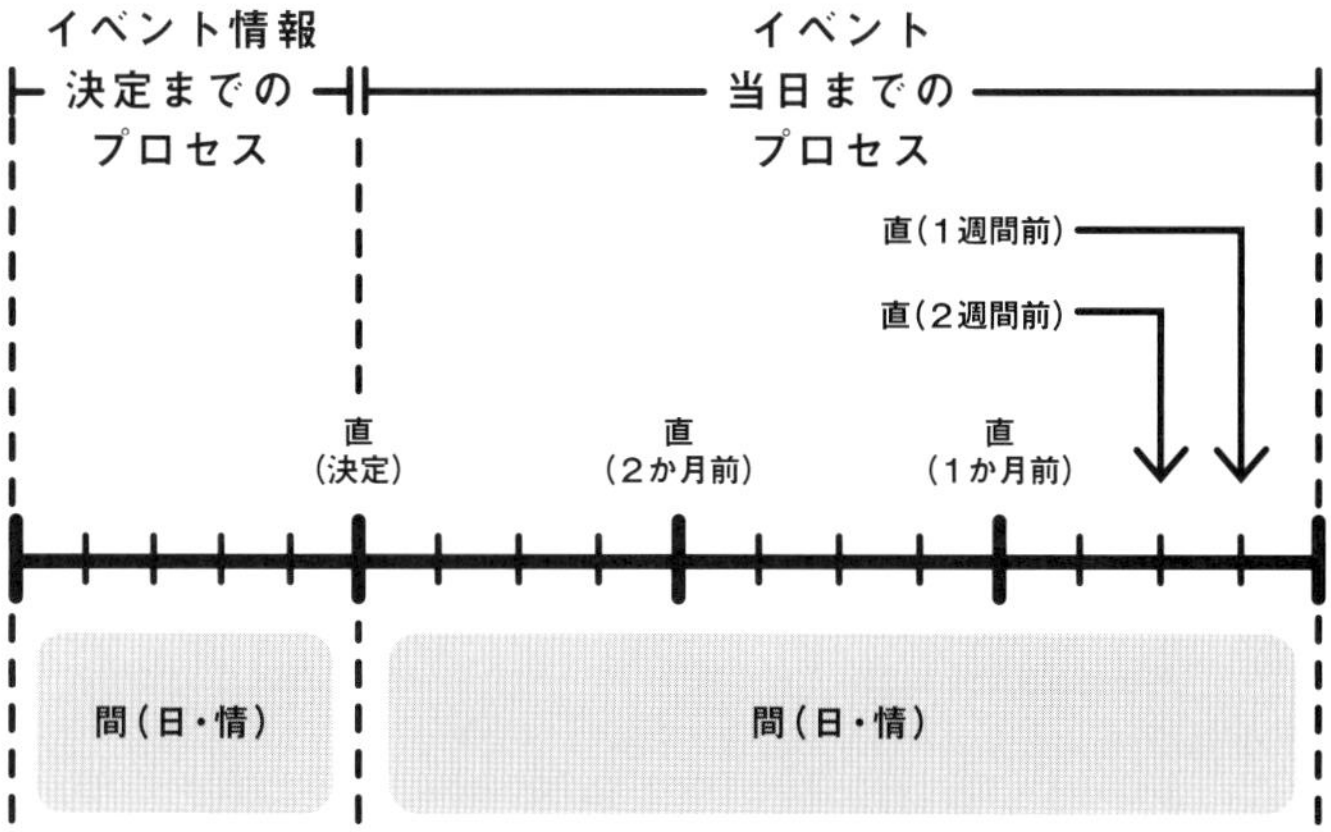
イベント情報
決定までの
プロセス
イベント
当日までの
プロセス
直（1週間前）
直（2週間前）
直
（決定）
直
（2か月前）
直
（1か月前）
間（日・情）
間（日・情）

を織り交ぜていくことで、間接的とはいえ宣伝投稿ばかりにならないように注意します。そして、「イベント情報の決定」、「イベント1ケ月前」、「イベント2週間前」のように、**キリのよいタイミングで「直接的な宣伝投稿」をしていくのです。**

最初に、**「イベント情報が決定するまでのプロセス」を見せる投稿**の例をご紹介します。最初に投稿するのは、220ページ上①のような内容の投稿です。これは、単に「イベントを開催することを決めた」という内容の投稿ですが、**この段階からイベント集客は始まっている**と思ってください。イベント情報が決定するまでのプロセスを見

■イベント情報が決定するまでのプロセスを見せる投稿①

坂本 翔

たった今

【飲食店オーナー様へ】

来月、飲食店のオーナー様を対象とした「Facebook集客セミナー」を開催しようと思います！

また日時や会場など詳細が決まり次第、お知らせします(^^)/

セミナー内容に皆さんのご意見を反映できればと考えていますので、ぜひメッセージやコメント欄にて、Facebookに関する疑問などをお聞かせください！

皆さんのご意見をお待ちしております^ ^

■イベント情報が決定するまでのプロセスを見せる投稿②

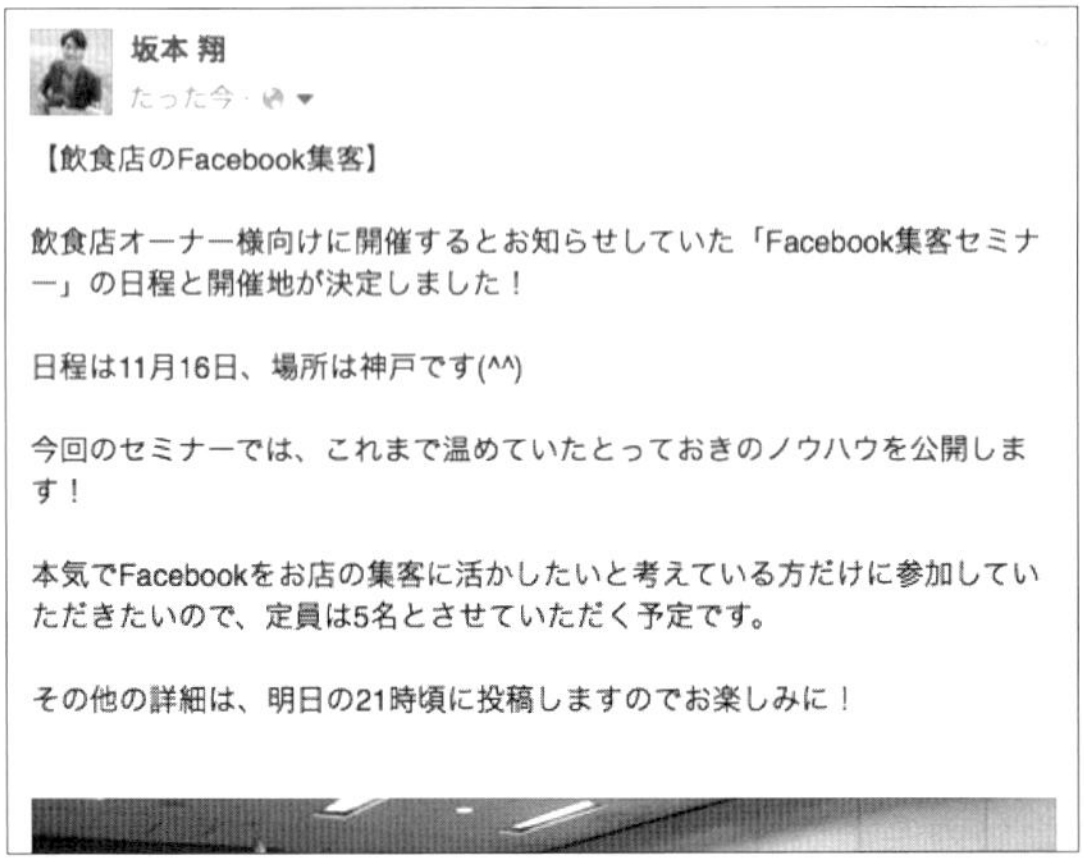

坂本 翔

たった今

【飲食店のFacebook集客】

飲食店オーナー様向けに開催するとお知らせしていた「Facebook集客セミナー」の日程と開催地が決定しました！

日程は11月16日、場所は神戸です(^^)

今回のセミナーでは、これまで温めていたとっておきのノウハウを公開します！

本気でFacebookをお店の集客に活かしたいと考えている方だけに参加していただきたいので、定員は5名とさせていただく予定です。

その他の詳細は、明日の21時頃に投稿しますのでお楽しみに！

せる投稿では、220ページ上（①）の投稿のように「イベントを開催しようと思っています」という段階から投稿すればよいのです。この投稿例の続きとして、220ページ下（②）の投稿例をご覧ください。

このような形で、**必要事項が決まる度に、少しずつ情報を解禁**していきます。この投稿例では、日程と開催地を同時に発表していますが、たとえばそれを別の投稿で発表するなど、この投稿例よりさらに細かくプロセスを見せても問題はありません。これが「イベント情報が決定するまでのプロセス」を見せる投稿です。

こうすることで、参加を検討している方の期待感を高めることができたり、まだニーズが顕在化していない見込み客の興味を喚起したりして、少しずつ「参加したい」という気持ちにさせることができます。

そして、日時や場所、内容などの必要事項が決定し、それらを「イベント情報が決定するまでのプロセス」を見せる投稿として全て投稿し終わったら、その段階で1回目の「直接的な宣伝投稿」を行うのです。

64

「キリのよいタイミング」で詳細を伝える

イベント集客の場合の「直接的な宣伝投稿」というのは、イベントの必要事項を記載した次ページのような投稿のことです。

Facebookでは宣伝色を抑えるのが原則ですが、前述したように**「直接的な宣伝投稿」では宣伝と割り切って、しっかりとイベントの必要事項を伝えてください**。中途半端な告知文にしてしまうと、参加希望者が現れても、「申し込む方法がわからない」「興味はあるけどいまひとつイメージがわかないので申し込みづらい」といった状況になる可能性もあり、せっかくの申し込みを逃してしまうことも十分にあり得るのです。

■「直接的な宣伝投稿（イベント）」例

坂本 翔

たった今・

【Facebook集客セミナー詳細発表！】

11月16日に、飲食店オーナー様向けに開催する「Facebook集客セミナー」の詳細を発表します！

このセミナーに参加していただくことで、複雑なニュースフィードの仕組みがクリアになり、自社内で適切なFacebook運用が可能になります。

皆さんもFacebookを使った「０円集客」を実現していきましょう！

「０円集客を実現！飲食店のためのFacebook集客セミナー」

日時：11月16日（月）15:00〜17:30
場所：行政書士オフィス２３
（神戸市中央区東町116-2 オールドブライト405）
講師：坂本翔（SNSコンサルタント）
参加費：5,000円（税込）
定員：先着5名
お申し込み方法：下記のイベントページで参加ボタンを押してください。折り返し、担当者からメッセージをお送りいたします。

11月16日イベントページ
→https://www.facebook.com/events/123456789123456/

後述するイベントページを活用する場合は、**この1回目の直接的な宣伝投稿をするタイミングまでにはイベントページを完成**させておき、前ページの投稿例のように、そのURLを掲載しておくとよいと思います。

また、この直接的な宣伝投稿をする前に、「明日の21時頃に詳細を発表します！」といった形で事前告知をしておくと、直接的な宣伝投稿に注目を集めることができるのでおすすめです。

このように、「イベント情報が決定するまでのプロセス」を見せる投稿でイベント情報を少しずつ公開し、1回目の直接的な宣伝投稿でイベントの詳細をお知らせした後は、**「キリのよいタイミング」で直接的な宣伝投稿を行っていきます**。「キリのよいタイミング」というのは、「2ヶ月前」「1ヶ月前」「3週間前」「2週間前」「1週間前」「3日前」「前日」などです（219ページ参照）。キリのよいタイミングで直接的な宣伝投稿をする理由は、たとえば、「11月16日に開催する飲食店オーナー様向けFacebook集客セミナーまで、あと1ヶ月となりました！」という形で、「1ヶ月前になったからイベントの詳細をお知らせする」という理由付けにもなり、投稿を書き出しやすいからです。

もちろんこの期間も、キリのよいタイミングで「直接的な宣伝投稿」だけを行うのではなく、「間接的な宣伝投稿」や「日常投稿」「情報提供型投稿」を織り交ぜた、**「イベント当日までのプロセス」**を見せていきます。一切プロセスを見せることなく直接的な宣伝投稿だけでイベント告知を行い、Facebookが宣伝ツール化してしまうことのないよう、注意が必要です。「イベント当日までのプロセス」を見せる投稿については、次節でご紹介します。

65 読み手の視点を「宣伝」からずらす

ここまで時系列に、「イベント情報が決定するまでのプロセス」を見せる投稿、イベントの詳細を伝える「直接的な宣伝投稿」とお伝えしてきました。続いて、**「イベント当日までのプロセス」を見せる投稿**です。

この投稿では、申し込みに直接誘導するような宣伝文を書くのではなく、イベントの準備に関わることなど、**あくまで「今イベントに関することをしている」という事実の投稿に止めておきます**。これは、「間接的な宣伝投稿」にあたります。この投稿例を次ページに2つ挙げておきます。

■イベント当日までのプロセスを見せる投稿①

坂本 翔
たった今・

【セミナーに向けて】

今日は、11月16日に弊社で開催する飲食店オーナー様向けFacebook集客セミナーに向けて、スタッフと打ち合わせを行いました！

最近弊社に入ったスタッフの成長を感じることができ、経営者として最高の一日でした(^^)

■イベント当日までのプロセスを見せる投稿②

坂本 翔
たった今・

【ライブに向けて】

今日は楽器店に来ました！

2月8日に大阪キャンディライオンで開催する「士業×音楽＝LIVE VOL.3」に向けて良い演奏ができるように調整していただきます(^^)/

ポイントとしては、**読み手の視点を宣伝したい事項からずらす**ことです。前ページの投稿例の場合、「11月16日のセミナー」や「2月8日の士業×音楽＝ＬＩＶＥ ＶＯＬ．3」にフォーカスして文章を作ると宣伝色が出てしまうので、「打ち合わせをしている」「スタッフの成長が嬉しい」「楽器店に来た」という部分に意識を向けさせるようなイメージです。

こうした投稿を繰り返すことで、宣伝色を感じさせることなくイベントの日程や概要、イベントタイトルといった最低限の情報を、ファンや友達にすり込んでいくことができます。このような間接的な宣伝投稿をイベント当日まで続けていくのが、「イベント当日までのプロセス」を見せる投稿です。

そして、いよいよイベント当日を迎えます。当日は、主催者または運営スタッフである皆さんは、目の前の準備や参加者の対応で忙しいはずですので、**自ら投稿する必要はありません**。私の主催する「士業×音楽＝ＬＩＶＥ」のようなライブイベントの場合、いつも参加者の皆さんが、写真にタグ付けをして投稿してくださるので、私の友達にもイベントの様子が伝わるようになっています。

また、店舗などで開催するイベントの場合は、思わず写真を撮影したくなるようなスポットを用意したり、チェックイン投稿で特典を付けるサービスをしたりするなど、**イベント当日は自分自身が動かなくても参加者の方に投稿してもらえるような仕組みを作りましょう**。これらの投稿が、お客様の友達にも拡散し、後の集客や販売につながってくるのです。

最後に、イベントが終了した後は、当日の様子や参加者へのお礼、次回開催の予定など、当日の写真とともに投稿しておきましょう。

ここまでにお伝えした、プロセスを見せるための間接的な宣伝投稿と、キリのよいタイミングで行う直接的な宣伝投稿を使い分けていくことで、Facebookでのイベント集客を実現していくのです。次節からは、Facebookのイベントページを活用する際のポイントについてお伝えしていきます。

66

イベントページの「効果的な作り方」

Facebookには「イベント機能」があり、イベントの詳細などを記載した**「イベントページ」**を作ることができます。イベント情報が決定した後に行う直接的な宣伝投稿では、本文中にこのイベントページへのリンクを貼ることで、参加申し込みへのスムーズな導線を作ることができます。イベントページは、「イベント」メニューから次ページのような画面を開き、必要事項を入力していくことで作成します。

ちなみに、基本的にイベントページは、**期間を定めて作成するもの**です。期間を定めず常に開催しているようなイベントは、イベントページの性質には合わないと言えます。

■イベントページ作成画面

その場合は、イベントページを無理に作成する必要はありません。ここまでにお伝えした「投稿」によってイベント集客を行ってください。

イベントページの作成についてですが、まずは、すでに決定している日時や場所を設定してください。続いて、**「イベント名」**を設定します。ここで設定した名前が、イベントページのタイトルにもなります。私の「士業×音楽＝ＬＩＶＥ」のように、定期的に開催しているイベントであれば、イベント自体にファンも付いているはずですし、イベントのブランド力を高めるためにも固定した名前の方がよいでしょう。ただし、セミナーや店舗のキャンペーンなど、毎回テーマがあって、異なるターゲットを集客するようなイベントの場合は、**「数字」と「ターゲット」を意識してタイトルを考えてみてください。**

私が過去に開催したセミナーのタイトルを例に出すと、**「0円で集客！　飲食店のためのFacebook集客マスターセミナー」**というような形になります。集客するための広告宣伝活動には、通常は費用がかかるものですが、ここでは「0円で集客」というあえて常識から外れた言い回しでインパクトを感じてもらえるように意識しています。さらに、「0」という印象的な数字も入っていますし、「飲食店」というターゲットも明確です。応用例としては、次のようなものが考えられます。

●飲食店

「男女ペア10組限定！　最高級A5ランクの神戸ビーフを使ったクリスマスディナー」

↓「男女ペア10組限定」でターゲットを示し、「10組」「A5」という数字で視覚的なインパクトを意識しています。

●アパレル店

「シルバーウィーク限定セール！　レディース秋冬新作が早くも20%～80%OFF！」

↓セール割引額を数字で入れて、「レディース」というターゲットが明確なのはもちろん、漢字・カタカナ・ひらがな・数字・英語・記号という文字のバリエーションを増やすことで飽きない字面になるように設定しています。

●ヨガ教室

「半年で３００名以上が受講した40代女性のための最新ヨガ無料体験会」

↓「半年で３００名」という実績を数字で見せ、「40代女性」というターゲットも明確になっています。

日時や場所、イベント名が設定できたら、次にイベントページの「詳細」欄に、次のような事項を記載します。ここはイベントに興味を持っているユーザーが読む場所なので、長文でイベントの詳細をしっかりと伝えましょう。

・イベント概要やイベントの趣旨
・このイベントに参加するとどんなメリットがあるのか
・主催者や講師の紹介
・必要事項（日時、場所、定員、参加費など）
・申し込み方法
・別途公式サイトなどがある場合はそのURL　など

ここで「日時」と「場所」が再度出てきていますが、これは重要な事項ですので、詳細欄にも記載しておくと親切です。また、「何人来てもOK」というイベントだったとしても、**あえて「定員」を設定しておくことをおすすめします**。定員を設けることで、「○人しか参加できない」というプレミア感が出るので、それが集客によい影響を及ぼすのです。**申し込み方法については、あまり多く設けるのは避けましょう**。1つか2つに絞っておくと、参加検討者にとってわかりやすいものになります。

そして、**参加者には必ずイベントページの参加ボタンを押してもらうようにしましょう**。参加ボタンを押してもらうと、その参加者の友達に「○○さんがイベントに参加予定です」という形で情報が拡散したり、参加人数が多いことで、そのイベントが盛り上がっているように見える、という利点があるからです。

なお、このイベントページを作るベストなタイミングは、「イベント情報が決定するまでのプロセス」を見せる投稿がすべて終わった後、**「1回目の直接的な宣伝投稿」をする直前**になります。1回目の直接的な宣伝投稿のときに、このイベントページのＵＲＬを記載するつもりで、イベントページの作成を行うようにしてください。

67

イベントページに誘導する「3つの方法」

イベントページが完成したところで、そのページを見てもらうことができなければ、作成した意味がありません。イベントページへユーザーを誘導するには、次の3つの方法があります。

①直接的な宣伝投稿にイベントページのURLを記載する
②個人アカウントの友達を招待する
③Facebook 広告を利用する

1つ目は、223ページでお見せした投稿例の通り、直接的な宣伝投稿の中にイベントページのURLを載せて、投稿を見たファンや友達を誘導する方法です。

2つ目は、イベントページの「招待」機能を使う方法です。イベントページの「招待」機能を使うと、**個人アカウントの友達をイベントページへ招待することができます。**イベントに協力者や共催者がいる場合、また、社内や店内のイベントであれば、そのスタッフにも協力を依頼し、各々の個人アカウントの友達を招待していきましょう。

招待する際のポイントとしては、「招待する前にプロセスを見せておく」こと、「適切なタイミングで招待する」こと、「見込み度が高い友達を先に招待する」ことの3点です。

「招待前にプロセスを見せておく」ことに関しては、本書でご紹介している方法で投稿をしながらイベントを立ち上げていれば問題ないかと思います。直接的な宣伝投稿と同じように、急に招待だけを送ったところで、よい反応は得られません。イベントページへの招待までに、そこに至るまでのプロセスを見せておくことが前提となります。

「適切なタイミングで招待を送る」ことについて、多くのユーザーがFacebookにアクセスしている「適切なタイミング」に招待することで（114ページ参照）、イベントページへの来訪率が高まります。

「見込み度が高い友達を先に招待する」は、すでに参加が決定している、または参加してくれそうな友達を先に招待することで、参加者が何人もいる状態のイベントページを作っておくことが目的です。ある程度の数の参加者を確保できた段階で他の友達を招待することで、「人気のあるイベントだ」という印象を持ってもらうことができ、参加を検討している方が後に続きやすくなるという効果があるのです。

3つ目の「Facebook広告を利用する」は、イベントページをFacebook広告として出稿することで、自分の個人アカウントの友達の範囲を超えて、ターゲットにイベントを知ってもらう方法です（Facebook広告については次章でお伝えします）。

■イベントに誘導する3つの方法とその範囲

イベントページに誘導する方法		届けられる範囲
①	直接的な宣伝投稿にイベントページのURLを記載する	友達やファン
②	個人アカウントの友達を招待する	個人アカウントの友達
③	Facebook広告を利用する	設定したターゲット

ちなみに、個人アカウントの友達に招待を送ることに抵抗がある方は、①または③の方法でイベントページを活用することになります。イベントの規模や状況によって、この3つの方法を使い分けてください。

68

期待感を高めるイベントページへの「投稿」

イベントページでは、その中で「投稿」を行うことができます。イベントページへの投稿は、設定を変更していない限り、参加者に通知が届くようになっています。その結果、そのイベントページの参加予定ボタンを押しているユーザーや、未定（興味あり）ボタンを押しているユーザーに情報が届きやすくなるので、**参加者や参加を検討している人の期待感を高めることができ、キャンセル防止にもつながります**。ちなみに、私の「士業×音楽＝ＬＩＶＥ」のイベントページでは、「出演者や主催者の紹介」「イベントの趣旨や目的」「当日のタイムスケジュール」「会場までの道順の説明や施設案内」などの投稿を行っています。

イベントページ内の投稿は、**当日が近づくにつれて徐々に回数を増やしていく**とよいでしょう。その際、**【**当日まであと3日！**】【**残り3席！**】**といった形で、**投稿のタイトルに残日数や残席のカウントダウンを入れる**と、参加者のワクワク感が増し、参加検討者に対する後押しにもなるのでおすすめです。

イベントページは、こちらから友達に対して招待を送ることができたり、Facebook広告が使えたり、「◯◯さんが参加予定です」という形でそのユーザーの友達にまで届くなど、拡散機能も備えています。そのため、ライブやセミナーなどのイベントはもちろん、キャンペーンやセールといった不特定多数に知ってもらいたいイベントにも活用できるのです。

私が主催する「士業×音楽＝ＬＩＶＥ」のように、ほぼFacebookだけで数百人を集めることも不可能ではありません。そのためには、イベント情報を受け取るファンや友達の立場になって、「プロセスを見せる」ということを意識しながらFacebookでのイベント集客を実践していってください。

69 Facebookが最大の効果を発揮するとき

ここまでの解説で、ビジネスにおけるイベントの重要性（フロントエンド商品としての活用）や、Facebookとイベントの相性のよさがおわかりいただけたかと思います。なにより、「イベント主催者」というのは**圧倒的なブランディング効果**があります。また、お客様にとって価値あるキャンペーンやセールの開催は、**同業者との明確な差別化**にもなります。そして、場合によってはインターネットの枠内で完結してしまうFacebookですが、イベントの開催によって現実世界と直接リンクさせていくことができるのです。Facebookと現実世界をリンクさせて積極的にアクションを起こしていると、業界外の多方面から思いもよらない話が来ることもあります。私の場合、仕事のご依頼はもちろん、取材依頼や講演依頼、提携の話など、イベント主催をきっかけにいろいろなお話をいただくようになりました。

ただ、頭では「イベントをやりたい」と思っていても、不安があったり日々の仕事が忙しかったりと、なかなか一歩を踏み出せない方もいると思います。そんなときこそ、**Facebookでイベントの開催を考えている旨を投稿してしまいましょう**。Facebookに投稿することで、「イベントを開催しようと考えている自分」がファンや友達に伝わり、アクションを起こさなければならない状況に自分を追い込むことができます。

人間やる気になれば何でもできるものですし、本書でお伝えしている方法でFacebookを活用することで、自分を応援してくれる協力者が現れることも珍しくありません。**Facebookによる発信で「応援される存在」になり、うまく回りを巻き込む**ことも、Facebook営業の実現には必要な要素なのです。そして応援される存在になるには、やはり**「プロセスを見せる」**ということが必要になってきます。これは決してイベント集客に限ったことではなく、Facebook営業のすべてに当てはまる重要な考え方です。

製造過程を……

知らないリンゴ
知っているリンゴ
この製造過程の公開が付加価値になる

たとえば、「リンゴ」を買おうと思っている人がいたとします。その人の前に次の2つのリンゴがありました。

・誰がどこでどれくらいの手間をかけて作っているのか知っているリンゴ
・誰がどこでどのくらいの手間をかけて作ったのかわからないリンゴ

同じ値段なら、どちらのリンゴを買おうと思いますか？　当然、前者ですよね。

食べ物の場合は、「安全」という観点から見ても、作られたプロセスを知っていると消費者は安心できます。また「知っている」という感覚は、「共感」「愛着」などポジティブな感情を生み、購入への心理的ハードルを下げる効果があります。さらに、Facebookでの発信の仕方によっては、その**公開したプロセス自体が付加価値となり、商品の高単価化や同業者との差別化も可能**です。

現実世界で起きたことを、自分都合ではなくファンや友達のことを考えて、偽りなくFacebookで発信する。それを、本書でお伝えした仕組みやテクニックなどを踏まえながら行うことで、日々の生活やビジネスによい影響を及ぼすことはもちろん、想像もつかなかった大きな成果につながることもあるのが「Facebook営業」です。

本章でお伝えしてきたように「イベント」という手段を使い、**現実世界とうまくリンクさせてこそ、Facebookは最大の効果を発揮する**のです。

COLUMN

見込み客と出会う場を作る

第6章で伝えたかったことのひとつに、**「現実世界とFacebookをリンクさせる重要性」**があります。第6章で解説した「イベント」のように、**「見込み客（集客フェーズで集めたファンや友達）と出会う場を現実世界で作る」**というのは、バックエンド商品をスムーズに販売するうえで非常に大きな意味を持ちます。私も実際に、主催するセミナーやライブなどで見込み客と現実世界で出会う場を作り、その後バックエンド商品の販売につなげています。

ただし、すぐにバックエンド商品の販売につながらない場合も当然あります。それを図にすると、次のようになります。

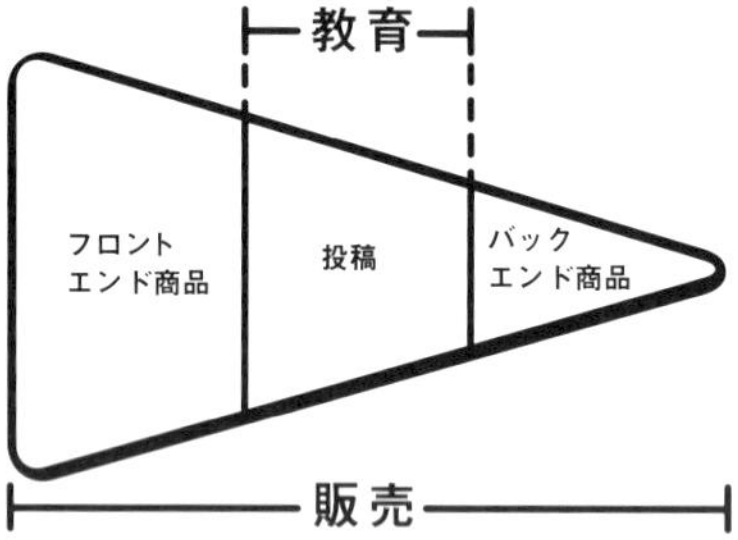

フロントエンド商品の販売後、すぐにバックエンド商品の販売につながらなかった場合は、この図のように、**間に再度「教育」のフェーズを挟むイメージで投稿を続けてください**。これによって、後に販売につながってきます。

Facebookでは、忘れた頃に仕事につながるケースも多いので、根気強く「継続」することが大切です。

CHAPTER

07

Facebook広告で「集客を加速」させる方法

70 「Facebook広告」の全体像を把握する

本章では、**「Facebook 広告」**をテーマに話を進めていきます。これまでに何度かFacebook広告という言葉は登場していますが、そもそもFacebook広告とは、どのようなものなのでしょうか。

Facebookでは、すべての基本は「個人アカウント」です。その個人アカウントは、実名で登録を行い、「リクエスト→承認」というプロセスを経たユーザー（友達）どうしでつながっています。そのおかげで絶妙な距離感のコミュニティが形成でき、無機質なインターネット上で人間味が感じられる運用ができるのです。

しかし、Facebookをビジネスで活用したいユーザーにとって、リクエストを承認してもらった、つまり自分が知ることのできる範囲のユーザーにしか自分の投稿が届かないというのは、なかなかもどかしいものです。

そこで登場するのがFacebook広告です。**Facebook広告を活用することにより、自分の個人アカウントだけでは接点を持つことができないユーザーに対して、自分のページや投稿をリーチさせることができるようになるのです。**その点でFacebook広告は、Facebookのビジネス活用を支援してくれる重要なツールだと言えます。

なお、Facebook広告を利用するには、原則としてFacebookページが必要です。まだFacebookページを作っていない方は、このタイミングで作成しておきましょう（Facebookページは、社名や商品名に限らず、「見込み客が関心を持ちそうな名前」で作成するのも効果的です）。

■Facebook広告の種類

1. 投稿を宣伝
2. Facebookページを宣伝
3. ウェブサイトへのアクセスを増やす
4. ウェブサイトでのコンバージョンを増やす
5. アプリのインストール数を増やす
6. アプリのエンゲージメントを増やす
7. 近隣エリアへのリーチ
8. イベントの参加者を増やす
9. クーポンの取得を増やす
10. 動画の再生数を増やす

それでは早速、Facebook広告の詳細に入っていきます。本書執筆時現在、Facebook広告には、前ページに掲載した10種類の広告があります。

①の**「投稿を宣伝」する広告**は、Facebookページの投稿を、「ニュースフィード」や「デスクトップの右側広告枠」に広告として表示できるものです。広告で投稿を宣伝することにより、本来Facebookページの「ファン」にしか届けられない投稿を、その範囲を超えて設定したターゲットにリーチさせることが可能になります。

②の**「Facebookページを宣伝」する広告**は、自分のFacebookページに「いいね！」を集めるための広告です。第3章で設定したターゲットを想定して広告を作成することで、自分の商品やサービスの見込み客を「ファン」として集めることができます。

③**「ウェブサイトへのアクセスを増やす」広告**と④**「ウェブサイトでのコンバージョンを増やす」広告**は、Facebook外の自社サイトなどへのリンクを、「ニュースフィード」や「デスクトップの右側広告枠」に表示させる広告です。「ウェブサイトへの

アクセスを増やしたいのか」、「その先の申し込みや販売などのコンバージョンを目的にするのか」によって使い分けます。

⑤「アプリのインストール数を増やす」広告と**⑥「アプリのエンゲージメントを増やす」広告**は、Facebook上で利用できるアプリをアピールできる広告です。これは、アプリを制作する方以外は、ほとんど使わない広告になります。

⑦「近隣エリアへのリーチ」を目的にする広告は、Facebookページに設定した住所の近隣エリアのターゲットへ、広告をリーチさせることができるものです。

⑧「イベントの参加者を増やす」広告は、作成したイベントページを宣伝することができる広告です。第6章で解説したイベントページを、ターゲットの「ニュースフィード」や「デスクトップの右側広告枠」に表示させることができます。比較的大きな規模のイベントの場合や個人アカウントの友達に「招待」を送ることに抵抗がある場合などは、この広告を使いましょう。

⑨「クーポンの取得を増やす」広告は、Facebookページで作成できるクーポンを宣伝できる広告です。

⑩「動画の再生数を増やす」広告は、動画付きの広告を出稿することができます。

この中で、Facebook営業で特に活躍する広告は、**①「投稿を宣伝する広告」**と**②「Facebookページを宣伝する広告」**です。本章では、この2つの広告にフォーカスして解説していきます。

71

「どこで広告を使うのか？」を考える

ここでは、「Facebookページを宣伝する広告」と「投稿を宣伝する広告」は、Facebook営業のどこで使うことになるのかを把握しましょう。次ページの図をご覧ください。

まず、**Facebook営業の「集客」のフェーズで活用することになるのが、「Facebookページを宣伝する広告」です。**この広告は、ターゲットの「ニュースフィード」や「デスクトップの右側広告枠」に広告を表示し、自分のFacebookページに「いいね！」をしてもらうことを目的としています（Facebookページでは、「いいね！」

■Facebook営業におけるFacebook広告の位置付け

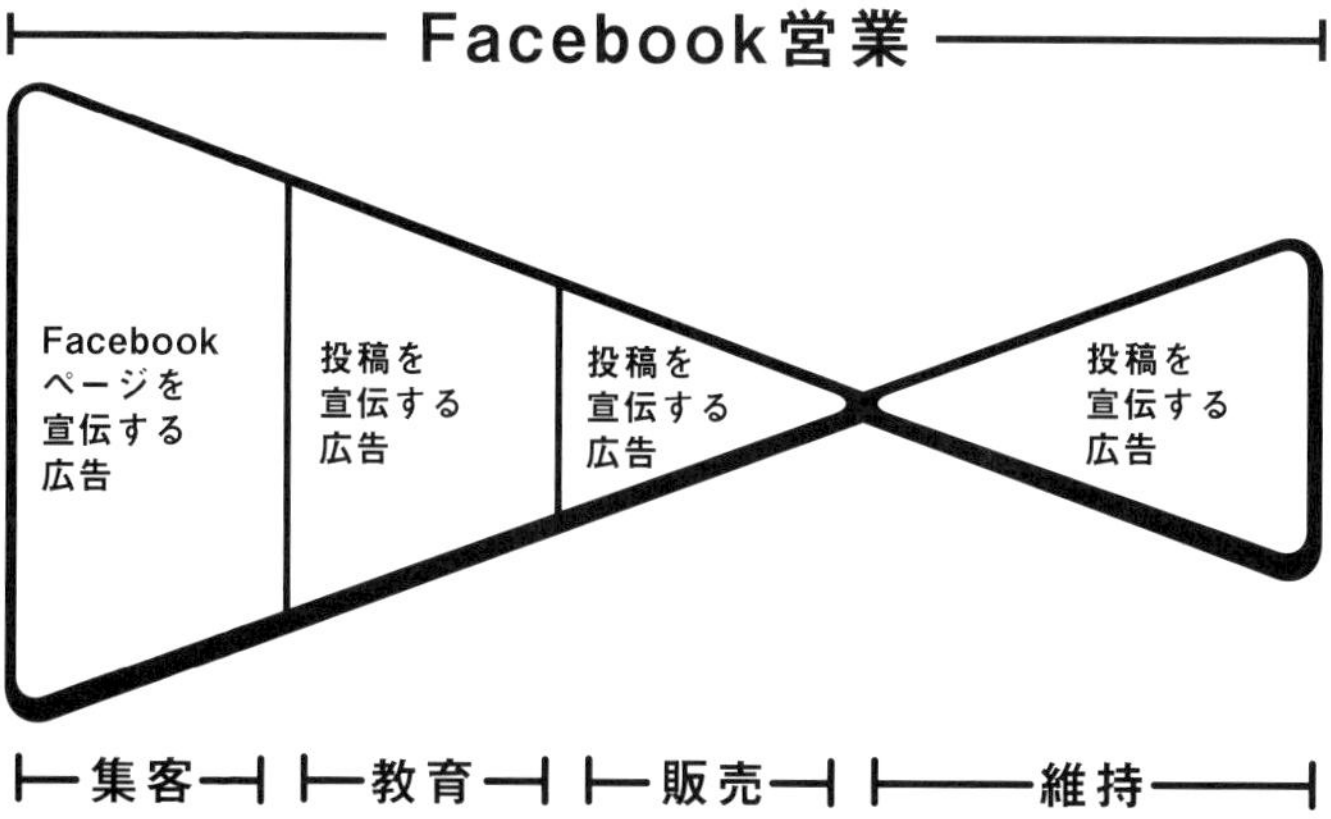

をして「ファン」になってもらわないと、原則として投稿が届きません)。

ちなみに、ここで言う「ターゲット」とは、**第3章で設定していただいた「ターゲット」**のことです。本章は、このように第3章と深く関わる内容になっていますので、必要に応じて第3章をご参照ください（ある程度Facebook営業の知識を付けてからの方がよいと判断し、Facebook広告の話を第7章に配置しました）。

また、ページの「いいね！」の数は、Facebookユーザーがそのページの価値を判断する重要な指標にもなります。そのFacebookページの「いいね！」（ファン）を

■Facebookページを宣伝する広告

おすすめのページ
Sago New Material Guitars
広告
Sagoを使用中のアーティストのモデル情報やオーダーメイドギターの製作過程など、すべての音楽ファンに向けて配信中！
Sago New Material Guitars
ミュージシャン・バンド
4139人がいいね！しています。
いいね！

増やすもっとも効率的かつ効果的な方法が、この「Facebookページを宣伝する広告」なのです。実際に私のクライアントのページで出稿した「Facebookページを宣伝する広告」が、上の画像になります。見本としてご覧ください。

続いて、**Facebook営業の「教育」「販売」「維持」のフェーズで活用することになるのが、「投稿を宣伝する広告」**です。この広告は、「教育」「販売」「維持」のフェーズで行う投稿を手助けすることを目的として活用します。

投稿を宣伝することで、ファンに対して、

■投稿を宣伝する広告

再度投稿を表示させることができます。さらに、ファンの友達や、設定によってはまったく別のターゲットにも投稿を届けることが可能です。リーチを伸ばしてユーザーから反応を得ることで、エンゲージメント率の上昇にもつながります。実際に、私のクライアントのページで出稿した「投稿を宣伝する広告」が上の画像です。

この2種類のFacebook広告を主に活用することで、Facebook営業を実現していくことになります。

72

「誰に届けるのか？」が広告の成否を決める

どの種類のFacebook広告を出稿する場合も、**その広告をどのようなユーザーに対して発信するのか**が、もっとも重要なポイントです。これに大きく関わってくるのが、第3章で設定した「ターゲット」です。自分の商品やサービスのターゲットではないユーザーに広告が届いてもFacebook営業の効果は期待できませんので、ご注意ください。

Facebook広告は、**ターゲティング精度が非常に高い**ことで知られています。たとえば、次のようなターゲティングが可能です。

・**年齢（13歳～65歳以上を一歳刻みで選択できる）**
・**性別（「すべて」「男性」「女性」から選択できる）**
・**地域（国や県の選択はもちろん、市まで絞り込みができる）**
・**趣味や関心（普段どんなページに興味を持っているかなど）**
・**つながり（すでにファンになっているユーザーに広告を表示させないなど）**
・**広告の配置（ニュースフィードだけか、右側広告枠にも表示するかなど）**

など

右記は一部ですが、第3章で明確にした自分の商品やサービスのターゲットを想定し、これらの設定を行うことで、適切なユーザー層に広告を届けることができます（ちなみに、「投稿を宣伝する広告」の場合は、ファンやファンの友達に絞って広告を出稿することも可能です）。

たとえば、**「都内に住む20代の女性」**をターゲットに設定した広告を出す場合、**「東京都（区や市まで絞れます）」「20歳～29歳」「女性」**にターゲットを絞り、そのターゲットが関心を持っていそうなことを予想して、「趣味・関心」の欄のキーワードを埋めていきます。

その広告が、**「日焼け止め」の「投稿を宣伝する広告」**である場合を例にすると、「趣味・関心」の欄は、**「日焼け」「海」「夏」「旅行」**といったキーワードが浮かびます。また、**「結婚」**を控えている人は普段よりも外見に気を使うかもしれないし、日中によく**「スポーツ」**をする人も、日焼け止めは必須かもしれません。このように、さまざまな角度からターゲットとなるユーザー像を予想して、趣味・関心のキーワードを設定します。**設定するキーワードは、必ずしも多ければよいというわけではありません。**複数の広告を試してみて、もっとも反応があるキーワードやその組み合わせを見つけていくのも、Facebook広告の運用では重要な作業になります。ちなみに、飲食など万人に当てはまる商品の場合、「趣味・関心」欄は入力せず、「地域」「年齢」「性別」だけで絞り込む方が、よい結果になる場合もあります。

また、広告を配置する場所について、たとえば20代女性の場合、パソコンよりもスマホでFacebookにアクセスする層が多いと考えられます。効率よく広告費を消化するために、「デスクトップニュースフィード」や「デスクトップの右側広告枠」には表示させず、「モバイルニュースフィード」だけに表示させるなど、**ターゲットの属性や行動パターンを考えて、広告の配置を決定していきましょう。**

なお、「Facebookページを宣伝する広告」の場合は、「つながり」の項目から、**自分のそのFacebookページにすでに「いいね！」を押してくれているユーザーは除外する**ようにしてください。すでに「ファン」になっているユーザーに対して「Facebookページを宣伝する広告」を出しても意味がありません。

ちなみに、本節で解説したターゲット設定方法以外に、「カスタムオーディエンス」を作成し、そこをターゲットに広告を出稿することも可能です（詳しくはこちらをご覧ください：https://www.facebook.com/help/433385333434831/）。

73 テキストと画像で「刺さる広告」を作る

ここでは、「集客」フェーズで活用する**「Facebookページを宣伝する広告」**のテキストと画像設定のポイントについてお伝えします。Facebookページから顧客獲得を目指す場合、ほとんどの見込み客が最初に触れるのが、「Facebookページを宣伝する広告」です。見込み客は、最初にこの広告のテキストと画像を見て、ファンになるかどうかを決めます。

当然のことですが、広告のテキストはターゲットに響く文章にする必要があります。ターゲットに響かせる手法として、**「お客様が得られる価値を提示する」**ということが挙げられます。そのページに「いいね！」をすることでターゲットが得られるメリットをテキスト内で表現するのです。

オーダーメイドギターの製作会社である「Sago New Material Guitars」さんの広告の場合、製作する楽器のスペックや製作過程、新商品のリリース情報などの宣伝投稿を受け取れること自体が、ターゲット（楽器購入または楽器製作の検討者）が得られる価値やメリットになります。Facebookページを宣伝する広告のテキストの**上限は90文字**です。その範囲内でターゲットが得られるメリットを表現できるよう心掛けましょう。

■「Facebookページを宣伝する広告」のテキストと画像

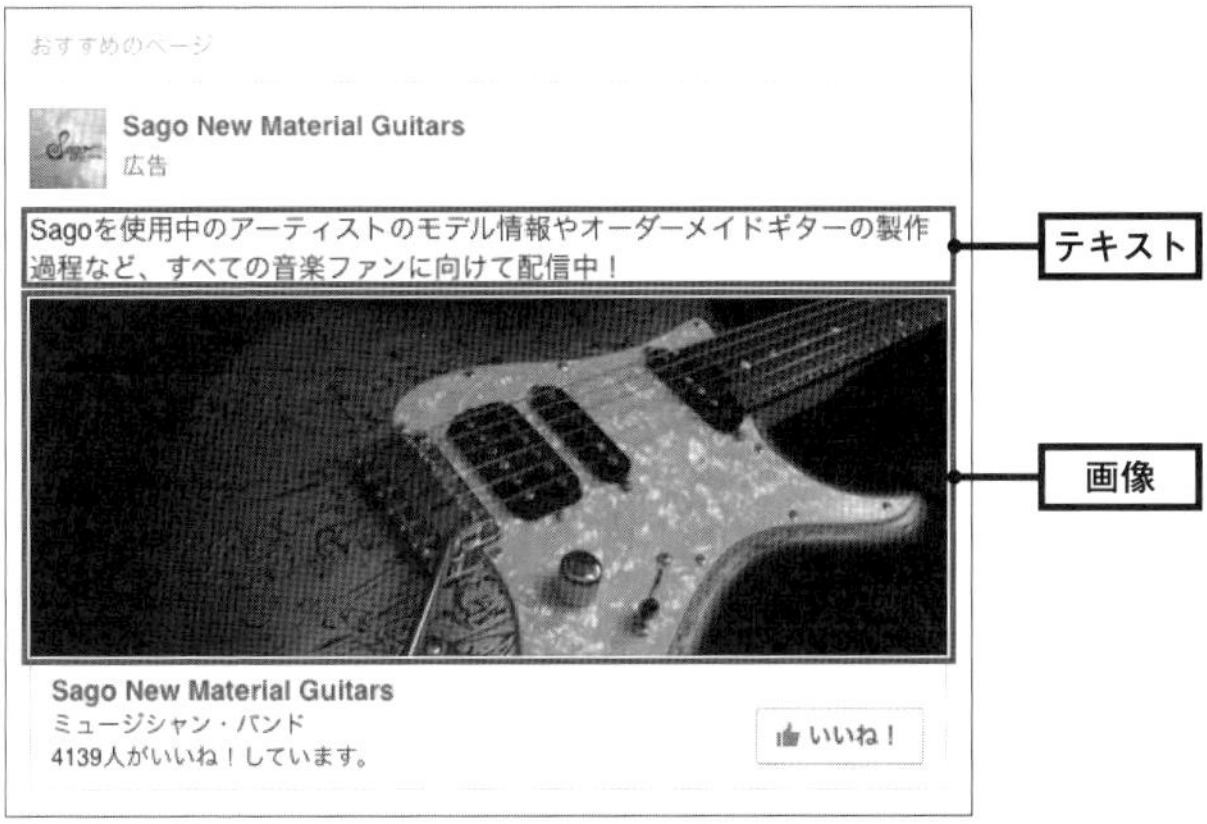
おすすめのページ
Sago New Material Guitars
広告
Sagoを使用中のアーティストのモデル情報やオーダーメイドギターの製作過程など、すべての音楽ファンに向けて配信中！
テキスト
画像
Sago New Material Guitars
ミュージシャン・バンド
4139人がいいね！しています。
いいね！

続いて、広告の画像についてです。日々の投稿にも言えることですが、Facebook のニュースフィードでは、視界に入った瞬間のインパクトが重要です。自分の好きな画像を選べばよいというわけではなく、**「色」や「人気（ひとけ）」**などにも気を配り、ターゲットの立場になって考え、目を引く画像を選定しましょう。

そして、**画像は Facebook 広告のサイズに合ったものを用意してください**。ありものの画像を使うと、大事なところが切れてしまったりするなど、反応が得られるよい広告が作れません。こちらのページ（https://www.facebook.com/help/103816146375741）に、広告の種類ごとに推奨される画像サイズが掲載されていますので、参考にしてください。また、画像内に含まれる文字の面積は、**20％まで**に収めないといけないというルールがあります。その割合を超えてしまうと、広告が承認されません。このグリッドツール（https://www.facebook.com/ads/tools/text_overlay）を使うことで画像内の文字の割合をチェックできますので、ぜひご活用ください。

■その他の「Facebookページを宣伝する広告」の例

おすすめのページ
行政書士オフィス２３
広告
【20代の皆様へ】若くして起業する不安は誰よりも理解できます。県内最年少行政書士として起業した私と一緒に、夢に向かって進みませんか？
行政書士オフィス２３
コンサルティング・ビジネスサービス
840人がいいね！しています。
いいね！

おすすめのページ
士業×音楽＝live
広告
【士業・経営者の皆様へ】音楽好きのビジネスマンが集まる年に一度のLIVE！ 次回開催予定は「いいね！」でチェック！
士業×音楽＝live
コミュニティ
344人がいいね！しています。
いいね！

74

「投稿を宣伝する広告」で販売への誘導をサポート

本節では、「教育」「販売」「維持」のフェーズで活用する**「投稿を宣伝する広告」**についてご紹介します。この広告は、各投稿の下部に設置された「投稿の広告を出す」というボタンから出稿でき、その投稿自体を宣伝することを目的とした広告です。直接的な宣伝投稿など、**リーチが伸びにくい投稿は、この「投稿を宣伝する広告」をうまく活用してリーチを伸ばしていきましょう。**

この「投稿を宣伝する広告」が使えることなどから、**必ずしもファンの数がすべてとは言えません。**しかし、ユーザーがそのFacebookページの信用度を判断するのは、やはりファンの数（Facebookページの「いいね！」の数）だというのが一般的です。そのため、Facebookページを立ち上げたばかりの方は、第3章でお伝えした最初に目指すべきファン数の基準（106ページ参照）が近づくまでは、「Facebookページを宣伝する広告」の方に比重を置き、目標の「いいね！」数に近づいてきたら、「投稿を宣伝する広告」の方へ予算を回すようにしていくとよいでしょう。とはいえ、ファンの数は多くて損はありません。「Facebookページを宣伝する広告」は、少額ずつでもかけ続けておきましょう。もしも広告予算に余裕があるのなら、そのままのペースで「Facebookページを宣伝する広告」を継続しながら、「投稿を宣伝する広告」の費用を追加して、**同時に2種類の広告をかけていく形をおすすめします**。

「投稿を宣伝する広告」は、広告を出すタイミングが重要です。その広告を出すべきタイミングとは、**広告運用によらない純粋なリーチ（オーガニックリーチ）が伸びきったタイミングです**。Facebookページを運用していると、そのFacebookページの投稿のオーガニックリーチがおおよそわかってくると思います（Facebookページのインサイトから投稿のリーチを一覧で見ることもできます）。「リーチの伸びが悪くなったな」と感じたときが、オーガニックリーチが伸びきったタイミングです（通常はだいたい投稿後1日～2日ほど経過したタイミングです）。そのタイミングで「投稿を宣伝する広告」を出稿して再度リーチを伸ばし、エンゲージメント率を回復させるのです。

広告ではない通常の投稿は、エッジランクなどの影響で、すべてのファンには届きません。たとえ親密度が高いファンでも、タイミングによっては見てもらえないまま、時間が経過してしまうこともあります。このような理由から、「投稿を宣伝する広告」の対象に、**すでにファンになっている人を含める方法も効果があります**。そのファンの周りには、同じような属性の友達が集まっている可能性が高いので、**「ファンの友達」も対象に含めるとよい**でしょう。

また、「投稿を宣伝する広告」ごとに新規でターゲットを設定することも可能です。たとえば、宣伝系の投稿の広告は「ファンとその友達」または「設定したターゲット」を対象にする。日常投稿の広告は「ファンのみ」を対象にするなど、広告を出す投稿の種類によって、臨機応変に対象を変えていきましょう。

ちなみに、Facebookページのタイムラインには投稿を表示させず、広告としてのみニュースフィードに表示させることもできます。詳しくは、こちらのページ（https://www.facebook.com/help/164280010440375/）をご覧ください。

ここまで、Facebook営業で活躍する2種類の広告について解説しました。まとめると、**「Facebookページを宣伝する広告」でファンを集め、ファンが関心を持つ記事を投稿しながら、「投稿を宣伝する広告」を使ってリーチが伸びにくい宣伝系の投稿を中心にリーチを増やしていく**、といったイメージです。この2種類の広告をうまく使い分けて、Facebook営業の効果を最大限に高めていきましょう。

75

「1日500円」から始めてみる

本章の最後に、**「Facebook広告にかける費用」**についてお伝えします。Facebook広告を始める際の金額設定について、「最初はだいたいどれくらいの金額から始めればよいのか」ということは、私のセミナーでも受講者の方からよく聞かれることなので、ひとつ基準を設けておきます。

もちろん使える広告費は多い方が好ましいのですが、最初は**「1日500円」**の予算から始めてみましょう（これは、Facebookページを立ち上げたばかりの方が最初に「Facebookページを宣伝する広告」にかける最低限の広告費を想定しています）。月当たりで考えると、約15，000円の広告費です。Facebook広告は、金額設定が低すぎても効果が見えにくく、この広告が適切なのかどうかという判断も難しくなってきます。そこで最低ラインを1日500円だと考えていただければと思います。

たとえば、1日500円で「Facebookページを宣伝する広告」をかけ、「1いいね！」あたりの獲得コストが50円だった場合、1日10件の「いいね！」を獲得できることになります。これを1か月続けると、約300件の「いいね！」を獲得できるというわけです。大切なお金を使うことですし、最初は不安も大きいと思いますので、効果が見えてきたら徐々に広告費を上げていきましょう。実際には、広告作成時に最適と思われる金額をFacebookが表示してくれますので、まずはその金額でそのまま出稿してみて様子を見るのもよいでしょう。

また、**通算予算や1日当たりの予算、広告の掲載期間を設定しておけば、過剰に広告が配信されることもありません**ので、ご安心ください。

ただし、Facebook広告は、お金をかければすべて解決というものではありません。広告で成果を上げるには、反応を見ながらターゲットやテキストを調整するなど、**長期的な視点でよりよい広告を作り上げていく作業が必要**になってきます。さきほどの例で言うと、「1いいね！」あたりの獲得コストは50円のまま一定ではないので、それを維持できる、もしくは、さらに安いコストになるように、日々よりよい広告を作っていく作業が必要になるということです。

こうしたFacebook広告の反応の確認や編集、支払いの管理などは、**「広告マネージャ」**から行います。その他、Facebook広告に関する詳細なルールは、「広告ポリシー（https://www.facebook.com/policies/ads/）」や、「ヘルプセンター（https://www.facebook.com/help/）」からご確認ください。

Facebook広告は、すべてをお伝えしようと思うと、別途もう一冊本が書けてしまうくらい奥が深いものです。本章では、「Facebook営業」において最低限必要なFacebook広告の知識についてお伝えしました。Facebook広告についてもっと知りたいという方は、

Facebook広告だけに特化した書籍やウェブサイトなどもたくさん存在しますので、そちらをご覧いただければと思います。

なによりFacebook広告は、文字で読むだけではなく、実際に自分で経験してみないとわからない部分が多いのも事実です。本書でご紹介している最低限のことだけ身に付けたら、実際にFacebook広告を作成してみましょう。

Facebookについてメインでお伝えするのは、本章で最後となります。次章では、他のSNSについて、Facebookと絡めながらご紹介していきます。

COLUMN

あえて「素人感のある画像」を使う

私のこれまでの経験上、投稿に付ける画像は、**一眼レフで撮影したり、画像編集ソフトで制作した「プロっぽい画像」よりも、スマホで撮影したような「素人感のある画像」の方が、反応はよい場合が多い**です（カメラが趣味の方や職業がカメラマンの方などは例外であるように、すべての方に当てはまるわけではないことをご理解ください）。広告に使用する画像でも、これまで担当したクライアントの中には、あえて素人感を出した方が、反応が取れた例もあります。

その理由として考えられるのは、現在出稿されているFacebook広告のほとんどが「プロっぽい画像」だからです。ユーザーはその「プロっぽい画像」の広告を見慣れているので、広告はもちろん通常の投稿でも、その匂いを感じると反射的に**「広告だ」**と感じ、スルーするのです。そんな中、あえて「素人感のある画像」を使うと、ユーザーは**「友達の投稿かもしれない」**と感じ、目に止まりやすくなるというわけです。

いつも「プロっぽい画像」を使用している方は、試しに「素人感のある画像」を使ってみるのもよいかもしれません。

CHAPTER

08

Facebook以外のSNSを活用する方法

76 Facebookだけが営業ツールではない

本書も最終章となりました。ここまでは、本書のメインテーマである「Facebook営業」についてお伝えしてきました。最終章である本章では、Facebook営業と絡めて、**Facebook以外のSNS**について話を進めていきます。

Facebookだけが営業ツールではありません。他のSNSについて知ることで、Facebookの立ち位置がより明確になります。また、複数のSNSをうまく組み合わせて使うことで、Facebook営業にもよい影響を及ぼすのです。

なお、ここまでにお伝えしてきたFacebook営業の考え方（集客→教育→販売→維持）

や、投稿のタイミング、投稿の種類といった本質的な部分については、どのＳＮＳにも当てはまります。要するに、表面的な操作方法は異なっていても、**「営業術」という本質的な部分では、どのＳＮＳもそう大きくは変わらない**ということです。後述する他のＳＮＳを活用する場合も、これまで学んできたFacebook営業のノウハウを活用してください。

現代は、**ＳＮＳを使い分ける時代**です。ブログ、mixi、Facebook、ＬＩＮＥなど、時代が進むにつれて、さまざまなＳＮＳが登場してきました。この流れは、今後も変わることはないでしょう。自分に合ったものだけを使っていきたいと考える方も多いと思いますが、mixiはFacebookに取って代わられ、今ではメールもFacebook MessengerやＬＩＮＥ、チャットワークなどへと世代交代しつつあります。時代に合わせて活用するツールを変えていかないと、コミュニケーションすら取れなくなる時代なのです。

これからのＳＮＳ時代に対応していくため、また、Facebook営業のためにも、本章で代表的なＳＮＳについて学んでいただきたいと思います。

77

「Instagram」は女性・視覚的・クローズド

まずは、本書執筆時現在、もっとも勢いのあるSNS**「Instagram」**（インスタグラム）からご紹介します。Instagramは、**「写真」**や**「動画」**を投稿して交流を楽しむSNSです。投稿時にさまざまなフィルターをかけて、写真をおしゃれに編集できるところから、特に**若い女性**に支持されています。ちなみに、Instagramのユーザー数は、すでにTwitterを超えています。

Facebookと比較すると、Instagramのフィードは**時系列**で、かつ、友達のアクティビティ（「いいね！」「コメント」「シェア」をしたお知らせなど）が流れてくることがありません（Facebook同様、企業の広告は流れてきます）。また、Facebookのシェアや Twitterのリツイートのような同SNS内での拡散機能がなく、この**拡散性の低さ**も人気の理由の1つです。FacebookやTwitterのオープンな性質に比べると、**クローズドな性質**を持ったSNSだと言えます。

さらに、他のSNSと簡単に連携できるのも特徴の1つです。Facebook、Twitter、Tumblrなどに、Instagramの投稿画面から直接連携投稿ができます（とはいえ、連携投稿は「ついで感」が出てしまうので頻繁な利用は避けましょう）。

しかし、いくらクローズドな性質のSNSだと言っても、ビジネスに活かそうと思うのであれば、自分の投稿を見てもらえないことには話が始まりません。投稿を見てもらうためには、**フォロワーを増やす**必要があります。Instagramのフォロワーを増やすには、現実世界のツール（チラシや名刺など）でアカウントの存在を告知したり、他のSNSや自社のウェブサイトを使ってアカウント名を公開したり、「ハッシュタグ」を活用するといった方法が考えられます。「ハッシュタグ」については、Twitterにも共通する事項ですので、後の節でまとめてご紹介します。また、一方的に投稿しているだけではフォロワーは増えません。Facebookにも共通することですが、「いいね！」や「コメント」などの「交流」を積極的に行っていきましょう。

こうした特徴を持つInstagramに適しているのは、**見込み客に対して視覚的なアプローチが可能な業種**です。たとえば、飲食業やアパレル業などの商品である「料理」や「服」は、その魅力を写真で表現することができます。こうした業種においては、Facebookと並行してInstagramも活用すべきだと言えます。

反対に、私のような士業やコンサルタントという業種は、商品やサービスが目に見えるものではありません。そのため、写真が中心のInstagramでは、顧客獲得は簡単ではないと言えます（動画を投稿すれば不可能ではありませんが、動画は現在「15秒」までしか投稿できません）。

また、本書執筆時現在、InstagramではFacebookやTwitterのように**投稿にリンクを設置できない**ので、ウェブサイトなどに直接誘導することができません（プロフィール欄から外部サイトへ誘導することは可能です）。そのため、Facebook営業と同じ考え方で、**「日々の投稿や交流からユーザーの潜在的な部分にアプローチして、ニーズが顕在化したタイミングに思い出してもらうことで販売につなげていく」**という方法で、コツコツ顧客獲得につなげていくことになります。

ちなみに、私のInstagramの運用はというと、趣味である音楽の投稿など、日常投稿が大半を占めています（たまに間接的な宣伝投稿を入れています）。ほとんどビジネス色を出さず、素のプライベート感を意識して楽しみながら運用しているような状況です。

Instagramについて、いかがだったでしょうか？　見込み客に対して視覚的なアプローチができる職業の方は、ぜひ使ってみてください。

78

「Twitter」の売りは圧倒的な拡散力

続いて、**「Twitter」**についてお伝えします。ご存知の方も多いとは思いますが、Twitterは**１４０文字までの「つぶやき」**や**「ツイート」**と呼ばれる短い投稿を行い、それが**時系列**で表示されるＳＮＳです。Facebookの友達リクエストとは異なり、ツイートを見たい人のアカウントを一方的にフォローすることができ、**「リツイート」**という機能によって、不特定多数のまったく知らない人にも情報が拡散する可能性があるという特徴を持っています。本書でご紹介するＳＮＳの中で、もっとも**オープンな性質**を持っているＳＮＳと言えるかもしれません。

Facebookの「シェア」よりもTwitterの「リツイート」の方がアクションのハードルが低く、積極的に拡散される傾向があります。たとえば、多くの人にフォローされているユーザーに自分のツイートがリツイートされると、とめどなく拡散していく可能性もあるのです。このようなことから、TwitterはFacebookよりも**「拡散力」**という点で優位性があると言えます。

また、ツイートの気軽さや、**本名を出さなくても利用できる**ことから、Facebookなどに比べると**10代のユーザーが多い**のも特徴です。

Twitterは、短い文章で気軽に投稿できるので、圧倒的な拡散力が売りである反面、ツイートの量も膨大なものになります。フィード上を次々にツイートが流れていくので、膨大な数のツイートの中から、自分の投稿を読んでもらうのは、Facebook以上に大変です。Facebookと同様、**フォロワー（商品やサービスのターゲット）の目を引く画像を付けるなどの工夫が必要**になります。

また、TwitterもInstagramもフィード表示が時系列なので、**投稿するタイミングが**

非常に重要になります。第4章でご紹介した適切な投稿のタイミングは、Twitterにも Instagramにも共通する事項ですので、ぜひ参考にしてください。

ここでTwitterの使い方の例として、私のクライアントの例をひとつご紹介します。このクライアントは、顧客獲得のメインツールとしてFacebookを活用し、その補助としてTwitterを使っています。具体的にこの2つのSNSをどのように使っているのかというと、**まずTwitterに投稿し、その反応を見てから、Facebookで投稿するかどうかを決める**、という流れで2つのSNSを活用しています。これはどういうことかというと、先にTwitterでツイートをして、どれだけリツイートや「いいね（お気に入りに登録）」をされたか、また、エンゲージメント（そのツイートに反応した数）はどれくらいか、**その数が多いものを優先的にFacebookに投稿している**ということです。

Twitterでは、ツイートごとに表示される**「ツイートアクティビティ」**で、これらの反応を見ることができます（これはFacebookで言う「インサイト」に該当します）。

Facebookの性質を考えると、Twitterのような頻繁な投稿はユーザーに嫌われる可能性が高いです。そのため、Facebookでは多くても1日に1回、このクライアントの場合は、平均すると2日に1回くらいのペースで、**Twitterで厳選した記事を投稿**しています。

このクライアントは、以前はTwitterとの連携投稿を含め、Facebookに1日2回以上の投稿をしていました。そのせいで、ページへの「いいね！」数のわりには投稿のリーチが増えずに悩んでいたところ、私のSNSコンサルティングをご契約くださいました。その後、前述のような使い分けをご提案し、今ではFacebookページのファン数の数倍のオーガニックリーチを稼ぐこともあり、それに比例してFacebook経由のお客様も増えてきているようです。

プライベートのツールとして、ただ単にゆるくツイートするのもTwitterのひとつの使い方ですし、前述のようにFacebookの補助として使うのも効果的です。そして、TwitterもInstagramと同様、「ハッシュタグ」を付ける文化があります。次節では、この「ハッシュタグ」について解説していきます。

79

「ハッシュタグ」で見込み客を引き寄せる

「ハッシュタグ」とは、「#○○」という形で表示される検索用のキーワードのことです。キーワードの前に#を付けることで、そのキーワードにリンクが設置されます。そのリンクをクリックすると、**同じハッシュタグを付けて投稿しているユーザーの投稿を一覧で見ることができる**のです。

たとえば「#ラーメン」と検索すると、世界中のユーザーの投稿の中から「#ラーメン」が付いた記事だけを表示させることができます。これは、**自分がフォローしているユーザーに限られない**ため、同じ趣味を持ったユーザーと、面識がなくてもつながることが可能です。

ハッシュタグは、InstagramとTwitterでは、必須と言っても過言ではないくらいによく使われている機能です。InstagramとTwitterをビジネスに活用する場合、自分のフォロワーだけでなく、できるだけ多くのユーザーに自分の投稿が届くことが理想的と言えます。そこで活躍するのがハッシュタグなのです。

Instagramでは、ハッシュタグで検索をする文化があります。これを利用し、**自分の商品やサービスの見込み客が検索しそうなキーワードを予測して、そのハッシュタグを入れたコメントに、見込み客が興味を持ちそうな写真を付けて投稿する**ことで、直接商品やサービスの販売につなげることも可能です。私自身、飲食店や美容院などをInstagramから検索して来店したことが何度もあります。Instagramの世界では、このような活用法が浸透しているのです。ユーザーの立場としては、ウェブサイトに掲載されているような綺麗な写真や公式の説明文よりも、そのお店のお客様自身が撮影したリアルな写真や素直なコメントをInstagramで見る方が、何倍も参考になるものです。

Instagram のハッシュタグは、このように販売に直結する使われ方をします。投稿時は必ず付けるようにしてください。このとき、ハッシュタグには**最低限「商品名」と「場所」を入れる**ようにしましょう（例：渋谷のラーメン店→「#ラーメン」「#渋谷」）。また、ハッシュタグの数があまりにも多すぎると投稿自体が煩雑な印象になるため、見た目が重視される Instagram では、ほどほどにしておくことをおすすめします。個人的には**10個前後がベスト**だと考えています。ハッシュタグを付けられるだけ付けるという考え方もありだとは思いますが、Instagram の場合、**30個が上限**ですのでご注意ください。

続いて、Twitter のハッシュタグについてですが、前述した Instagram のハッシュタグと基本的には同じと考えてください。ただし、Instagram と異なり、Twitter のツイートには１４０文字以内という字数制限があります。ハッシュタグで投稿が埋まってしまわないようにしましょう。具体的には、**1〜2つ**という数を推奨しています。

また、Twitter の拡散力を活かすためには、**「トレンド」**という機能を利用して、今現在 Twitter 上で流行している言葉やハッシュタグを含めたツイートを作成するのが効果的です。そうすることで、トレンドのキーワードで検索した多くのユーザーに自分のツイートを見てもらうことができます。

ハッシュタグの使い方としては、「#」の後に文字を続けて入力すればよいだけなので、決して難しくはありません。しかし、**「どんなハッシュタグがターゲットに検索されやすいのか」**については、日々の投稿でいろいろと試しながら見つけていきましょう。

本節の最後に、「Instagram と Twitter に共通するフォロワーの増やし方として、**「投稿に統一性を持たせる」**ということが挙げられます。このアカウントは何を発信するアカウントなのかということを、プロフィールに記載するなどの方法で明確にしておき、投稿自体にも統一性を持たせたうえでフォロー活動を行ったり、ハッシュタグを活用してください。そうすることでフォロワーが増えやすくなり、自分の発信に興味のあるユーザー（見込み客）を集めることができるのです。

80 「LINE@」はプッシュ通知が利点

最後にご紹介するのは、**「LINE」**です。LINEは、周知の通り、メールに変わるコミュニケーションツールとして流行しているSNSです。今や日本人の4割以上が登録する、巨大ソーシャルメディアになっています。個人間のやり取りが中心なので、その距離感の近さは、他のSNSにはないLINEならではのものです。しかし、「LINEで顧客獲得」というと、ピンと来ない方もいると思います。実は、LINEには、**「LINE@」**というビジネス活用が可能なサービスがあります。そのLINE@を使うと、こちらから見込み客に対してアプローチしていくことができるのです。

ＬＩＮＥ＠の最大のメリットは、ＬＩＮＥ＠アカウントを友だち追加してくれたユーザーに対して、**メッセージを一斉送信できる**ことです。かつ、そのメッセージはFacebookなどの投稿とは異なり、**「プッシュ通知」**が働き、通常の友だちとのやりとりのように**トーク画面に表示**されます。トーク画面に表示されることで、自然な形で情報を届けることができ、プッシュ通知があることで、メルマガなどと比較してユーザーの**メッセージの開封率が高くなる**のです。開封率が高くなるということは、当然販売のフェーズへつながる確率も上がるということです。このＬＩＮＥ＠のメッセージ機能は、割引クーポンなどを配信する使い方が一般的なので、飲食業や美容業、小売業などに比較的マッチしたＳＮＳだと言えます。

ただし、「ＬＩＮＥ＠アカウントを友だち追加してもらう」というアクションは、「Facebookページに「いいね！」をしてもらう」、「Twitterアカウントをフォローしてもらう」という他のＳＮＳの集客フェーズと比べて、かなりハードルが高いと言えます。他のＳＮＳで拡散したり、店内で直接お客様に告知したりすることはもちろんのこと、メルマガの登録者を集めるときのように特典を付けるなど、他のＳＮＳ以上の工夫が必要になるでしょう。

前述したように、飲食業や美容業、小売業など、割引クーポンなどを配信することで販売フェーズへの誘導に即効性が期待できる業種はもちろん、他の業種でも、**一度顧客になったお客様に対する関係維持の目的で、LINE@を活用するのも効果的**です。たとえば、Facebook営業で見込み客を販売フェーズまで誘導し、商品やサービスの販売時にLINE@でつながっておくことで、その後のメッセージ配信で関係を維持することができます。気になる方は、ぜひLINE@もご活用ください。

■本書でご紹介したSNS一覧

	Facebook	Instagram	Twitter	LINE
ユーザー数	国内: 約2,700万人 世界: 約20億人	国内: 約1,600万人 世界: 約7億人	国内: 約4,000万人 世界: 約3.2億人	国内: 約7,000万人 世界: 約2.1億人
主な利用世代	20代〜50代	10代〜20代 (特に女性)	10代〜20代	どの世代も 幅広く利用
アクティブ率	56.1%／月	84.7%／月	70.2%／月	96.6%／月
フィード	エッジランクなどにより時系列ではない	時系列	時系列	主に時系列 (タイムライン)
その他の特徴	規模感や機能などバランスのとれた世界最大のSNS	写真に特化したビジュアル重視のSNS	フィードの流れが速く圧倒的な拡散力をもつSNS	LINE@では、友だち追加によりプッシュ通知付きのメッセージを一斉送信できる

※2017年6月現在

81 「Facebook営業」は不変のもの

本章では、Facebook以外の代表的なSNSについてお伝えしてきました。それぞれ概要や簡単な活用法しかお伝えできていませんが、他のSNSに手を出す前に、**まずはFacebook営業をマスターしていただきたい**という意図があっての構成でもあります。とはいえ、Facebookに加えてFacebook以外の媒体（他のSNSはもちろんアナログ媒体なども含めて）も活用することで、**相乗効果が期待できる**のも事実です。Facebook営業がある程度マスターできたら、自社に合う他のツールも徐々に取り入れていってください。

■相乗効果のイメージ（接触回数）

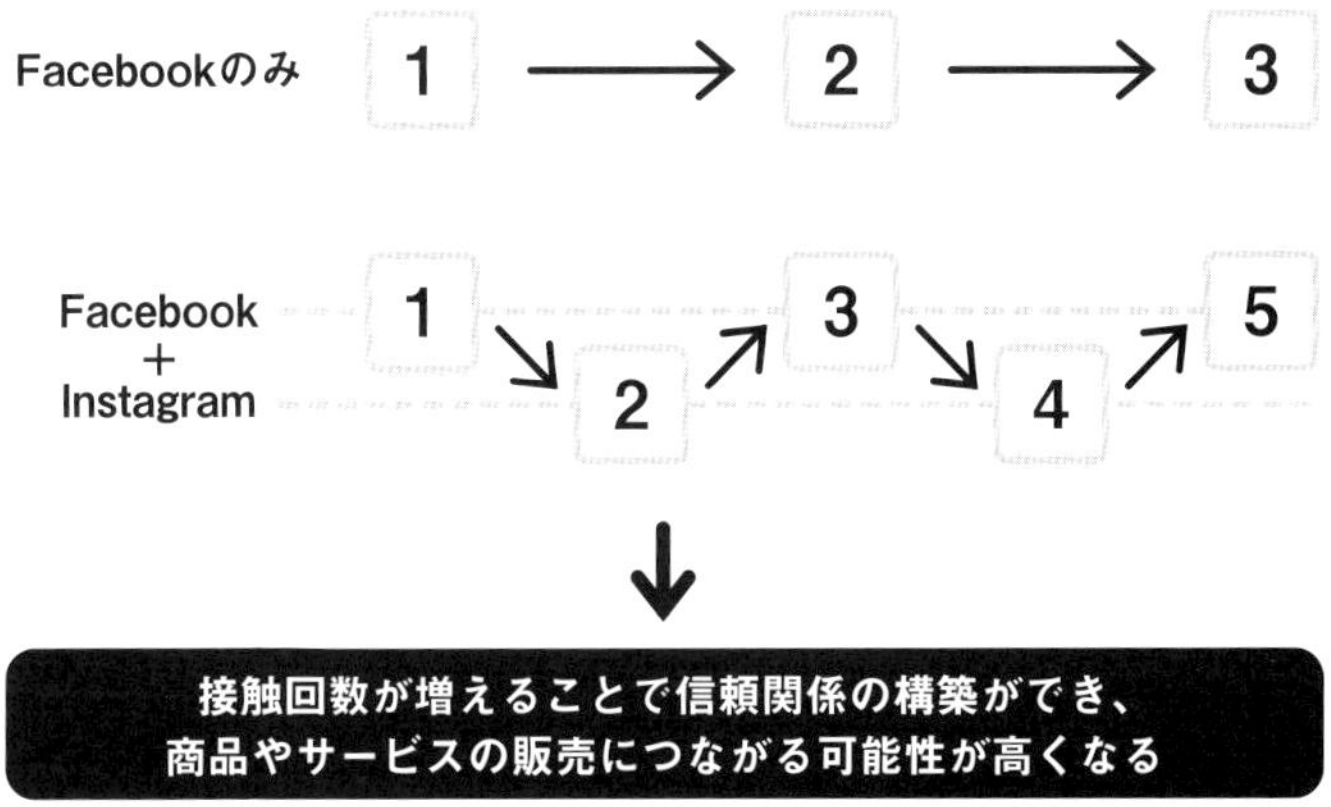
Facebookのみ
1
2
3
Facebook
＋
Instagram
1
2
3
4
5
接触回数が増えることで信頼関係の構築ができ、
商品やサービスの販売につながる可能性が高くなる

他の媒体との相乗効果の例として、たとえば、Facebook営業を進めながらInstagramを活用する場合、Facebook広告からファンになり、自分の投稿を日々ニュースフィードで目にしているターゲットユーザーが、Instagramのハッシュタグから自分の投稿にたどり着いたとします。そのターゲットの立場になると、Facebookで見ているアカウントを再度Instagramバージョンで目にすることになるのです。そうなると当然、Facebookだけの場合よりも、そのターゲットとの接触回数が増えるので、販売フェーズへつながる可能性も高くなってきます。

また、接触回数という視点でお伝えすると、

■近年の消費者の情報取得の流れ

FacebookなどのSNS	投稿や広告から情報を取得
↓	
Yahoo!やGoogleなどの検索エンジン	商品名や社名、気になったキーワードなどで検索
↓	
ウェブサイトなど	ウェブサイトなどがヒットし、公式情報を確認
↓	
購入へ	

ウェブサイトやブログと比較して**FacebookなどのSNSの方が、ターゲットとの接触回数は多くなる**と言えます。

その理由としては、ウェブサイトやブログは各ページのURLが決まっており、そのページを見る意志を持ってそこにアクセスしないと見ることができないのに対し、**Facebook などのSNSは、最初に入る入り口が全ユーザー原則として同じ**です（Facebook の場合、「facebook.com」でニュースフィードにアクセスできます）。そのおかげで、ファンや友達にさえなっていれば（もしくは広告ターゲットに含まれていれば）、Facebook 自体にアクセスしてもらえるだけで、たとえ自分の投稿や広告を見る意志がそのユーザーになくても、ニュースフィードに流れてくるという性質上、自分の投稿や広告を見てもらえる環境になっているのです。

近年では、SNSで情報を取得したのをきっかけに、Yahoo! や Google で検索し、その公式情報をウェブサイトで確認するといった流れが、消費者の中で一般化しつつあります。

移り変わりの早いインターネットでの顧客獲得が当たり前になった現代では、このように各媒体の性質や消費者の行動の変化を理解する姿勢が必要になってきていると言えるでしょう。

さて、本書ではご紹介できませんでしたが、他にも「YouTube」「mixi」「Ameba」「Google+」「LinkedIn」「Tumblr」など、たくさんのSNSが存在します。これからもSNSの世界は変化していくと思いますが、Facebook 営業の考え方を身に付けた皆さんなら心配ありません。**この Facebook 営業の考え方は、どのSNSにも共通する不変のものなのです。**

最後に、もう一度おさらいをしておきます。**自分の商品やサービスの見込み客をFacebook広告などで「集客」し、日々の投稿や交流の中で「教育」を行い、その商品やサービスを見込み客に「販売」していく。その後もFacebookで顧客との関係を「維持」し、リピーター獲得を図っていくというのが「Facebook営業」でした。**

この一連の顧客獲得の流れをFacebookで実現しようという形で始まった本書も、本節で最後となります。本書でお伝えした方法でFacebookを活用することで、皆さんのビジネスによい影響を及ぼすことはもちろん、日々の生活自体が楽しく充実したものになることを実感していただけると思います。ぜひ本書を参考にしていただき、「Facebook営業」を実践していただければ幸いです。

COLUMN

数にこだわる時代は終わった

Facebookの歴史の中で、たしかにファンや友達の数が重視されていた時代もありましたが、現代のFacebook活用においては、**ただ数が多ければよいというわけではありません**。ここまでにお伝えしてきたように、自分の商品やサービスのターゲット層から外れているファンや友達ばかりを集客しても、効果は期待できないのです。

実際に、私は同時期に2社の同業種のクライアントのFacebookページを運営していたことがありました。1社は、「万単位のファンを集めても売上につながらない」ということでご契約いただき、もう1社は、「これからFacebookページを作りたい」というご依頼で、すぐにファン数は千単位に達しました。外から見ると、前者の万単位のファンがいるクライアントの方がFacebook営業は成功していそうですが、**実際のところは後者の千単位のファン数のクライアントの方がFacebook経由での売上はあがっていました**。もちろん投稿内容などの影響もありますが、なにより万単位のファンがいるクライアントは、Facebook営業の「集客」で数を稼ぐことに注力しすぎて、ターゲットを意識していなかったのです。結果、ファン数は多いのに投稿への反応やリーチは少ないという状態に陥り、Facebookから成果が出ていないという状況でした。

Facebook営業では、数にこだわりすぎず、きちんと販売につながる**「意味のある集客」**を行ってください。

おわりに

今やFacebookは、**日本人の約5人に1人**が使うSNSです。そこまで私たちの生活に浸透しているFacebookを、企業やお店が営業活動に活用するのは当然だと言えます。ただし、本書でもお伝えしたように、Facebookで成果を出すには、長期的な視点で継続することが必要です。この「継続」が、必須かつ最も難しいことなのです。

実際に私は、自社内でFacebook運用を開始したものの、継続できないことが理由で成果につながらない企業やお店をたくさん見てきました。

これは、他の仕事に比べて**Facebookの優先順位が低い**からです。その結果、後回しになるなど、片手間での運用になってしまっているのが継続できない大きな原因であり、成果が出ない原因の一つでもあります。私はコンサルタントとして、そんな企業やお店をサポートしています。

Facebookの優先順位が低く、後回しになってしまう大きな理由として、**「Facebookから仕事につながるイメージがわかない」**ということが挙げられます。本書がその一助となればという思いで、大規模なFacebookページなどの事例ではなく、できるだけ身近な事例（私自身や私のクライアントの中から掲載許可を得られた事例）を掲載しました。私や私の周囲でできていることを、読者の皆さんができないはずはありません。本書でお伝えしたことを踏まえて、ぜひFacebookを活用してください。

Facebookは、使い方次第で人生を劇的に変える力を発揮します。私もFacebookによって人生が変わった人間の一人です。

私は、この「Facebook営業」の考え方を身に付けることでビジネスが飛躍しました。対お客様の顧客獲得だけでなく、人材採用や様々な企業との提携など、あらゆる方向に「Facebook営業」の効果が広がっています。また、より高度なFacebook広告の運用により、ビジネスライクな集客の仕組みも実現できました。そして、個人アカウントも活用することで、ビジネスだけではなく、友人との再会や交流、趣味などにおける有益な情報の収集など、私生活にもよい影響を及ぼすのがFacebookのすごいところです。

Facebookは、まずは無料でスタートできます。これを使わない手はありません。本書を読んだとしても、**実際に動かなければ今までと何も変わらない**のです。すべては自分の行動次第です。行動することにコツはなく、何事も「やる」と決めるか決めないか、決意の問題だと私は思います。

必ず誰かが皆さんの投稿を見てくれています。まずは、「Facebookを始めます」という内容の投稿をして、一歩を踏み出してみましょう。

これから皆さんが「Facebook営業」を実現していくにあたって、私の最新の投稿で、なにかお役に立てることがあるかもしれません。私の実際の投稿に興味があるという方は、ぜひ友達リクエストをお送りください。本の感想のメッセージと一緒にお送りいただければ、基本的に承認しています。皆さんと「友達」になれることを楽しみにしています。

最後になりましたが、本書の出版にあたって、本当にたくさんの方にご協力をいただきました。この場を借りてお礼を言わせてください。ありがとうございます。

事例として掲載の許可をくださったクライアントの「株式会社三田屋本店」さん、「Sago New Material Guitars」さん。

約一年という長期間に渡り、毎月打ち合わせのお時間を頂戴し、私だけでは考えつかない的確かつ論理的なアドバイスをくださった技術評論社書籍編集部の大和田さん。

ここには書ききれませんが、Facebookの「いいね！」や「コメント」などで私の執筆活動を応援してくださった友達やファンの皆さん。

出版にあたって私を支えてくれた家族や仲間。

そしてなにより、今この本を手にとってくださっている皆さんに心から感謝を捧げます。

本書に関わってくださった全ての方に感謝です。本当にありがとうございました！

坂本　翔

〈お問い合わせについて〉
本書の内容に関するご質問は、下記の宛先までFAXまたは書面にてお送りください。なお電話によるご質問、および本書に記載されている内容以外の事柄に関するご質問にはお答えできかねます。あらかじめご了承ください。

〒162-0846
新宿区市谷左内町21-13　株式会社技術評論社　書籍編集部
「Facebookを「最強の営業ツール」に変える本」質問係
FAX:03-3513-6167

なお、ご質問の際に記載いただいた個人情報は、ご質問の返答以外の目的には使用いたしません。また、ご質問の返答後は速やかに破棄させていただきます。

カバーデザイン　渡邊民人（TYPEFACE）
本文デザイン／DTP　串田千晶（TYPEFACE）
編　集　大和田洋平

Facebook《フェイスブック》を「最強《さいきょう》の営業《えいぎょう》ツール」に変《か》える本《ほん》

2016年 3月25日　初版　第1刷発行
2017年10月22日　初版　第3刷発行

著　者　坂本《さかもと》　翔《しょう》
発行者　片岡　巌
発行所　株式会社技術評論社
東京都新宿区市谷左内町21-13
☎03-3513-6150（販売促進部）
☎03-3513-6160（書籍編集部）
印刷・製本　港北出版印刷株式会社

ISBN978-4-7741-7915-5 C3055　Printed in Japan